Johannes Thiele

Sisi

Das Leben der Kaiserin Elisabeth

Ueberreuter

Die Deutsche Bibliothek – CIP-Einheitsaufnahme

Thiele, Johannes:
Sisi : das Leben der Kaiserin Elisabeth / Johannes Thiele. –
Wien : Ueberreuter, 1998
   ISBN 3-8000-1501-3

J 2333/1
Alle Urheberrechte, insbesondere das Recht der Vervielfältigung,
Verbreitung und öffentlichen Wiedergabe in jeder Form,
einschließlich einer Verwertung in elektronischen Medien,
der reprografischen Vervielfältigung, einer digitalen Verbreitung
und der Aufnahme in Datenbanken, ausdrücklich vorbehalten.
Umschlagbild von Ulrike Heyne nach einem Gemälde
von Franz Xaver Winterhalter
Copyright © 1998 by Verlag Carl Ueberreuter
Printed in Austria
7 6 5 4 3 2

Inhalt

Kapitel	1	Prinzessin Sisi	7
Kapitel	2	Der fesche Kaiser	17
Kapitel	3	Eine Liebe in Ischl	22
Kapitel	4	Abschied von der Mädchenzeit	31
Kapitel	5	Traum in Weiß	37
Kapitel	6	Die ersten Jahre	45
Kapitel	7	In Italien und Ungarn	54
Kapitel	8	Hofleben	62
Kapitel	9	Die Zeit der Schmerzen	68
Kapitel	10	Wohin nur, wohin?	75
Kapitel	11	Königin von Ungarn	87
Kapitel	12	Die schöne Kaiserin	95
Kapitel	13	Sie sieht aus wie ein Engel und reitet wie ein Teufel	102
Kapitel	14	Der gelbe Domino	109
Kapitel	15	Fieberhafte Unruhe	114
Kapitel	16	Ludwig, der seltsame Freund	119
Kapitel	17	Das leere Nest	127
Kapitel	18	Die Dame in Schwarz	136
Kapitel	19	Die letzten Jahre	141
Kapitel	20	Durch eine winzige Öffnung des Herzens	149

KAPITEL 1

Prinzessin Sisi

Elisabeths Leben begann wie im Märchen. Sie kam als ein „Christkind" – am Weihnachtsabend des Jahres 1837 – in München zur Welt. Ein Sonntagskind. Ihr schien alles Glück in die Wiege gelegt zu sein, denn bei ihrer Geburt war in ihrem Mund bereits ein Zahn, was die Menschen damals als Glückssymbol deuteten.

Die Kinderjahre waren zweifellos die schönste Zeit im Leben Elisabeths. Ihr Vater Maximilian hatte das Glück, nicht Herzog „von" Bayern, sondern Herzog „in" Bayern zu sein. Der Unterschied dieser zwei Wörter bedeutete sehr viel: Die Herzöge von Bayern, die Mitglieder der königlichen Linie des Hauses Wittelsbach, hatten zu regieren und zu repräsentieren; die Angehörigen der Nebenlinie dagegen, die Herzöge in Bayern, waren von diesen lästigen Pflichten befreit und konnten ein ziemlich ungestörtes Privatleben führen.

Herzog Max vor allem war der geborene Privatmann, nur höchst selten warf er sich in die Uniform eines Kavalleriegenerals, die ihm offiziell zustand. Am liebsten trug er die Tracht der Bauern und Jäger seiner Bergheimat: eine graue Joppe mit offenem Hemd, einen Jägerhut mit einer Feder und Kniehosen.

Er reiste in der Postkutsche inkognito im Land umher und die Mitreisenden ahnten kaum, dass der einfache, bayerischen Dialekt plaudernde Jäger ein Schwager des Königs war.

Seine besondere Leidenschaft war das Zitherspiel. Wenn

Herzog Max gut gelaunt war, ging er gern zu einem der Bauern in der Umgebung seines Schlosses und spielte den Jungen und Mädchen des Dorfes zum Tanz auf.

Ebenso gern wie zum dörflichen Bier traf sich der Herzog in München mit Künstlern und Schriftstellern. „König Arthus" hieß er in Schwabing und unter diesem Namen wirkte er als stets heiterer Liedersänger und Präsident der „Vierzehn Ritter von der Tafelrunde", einer Zechgenossenschaft, die zünftig becherte und diskutierte.

Einen noch poetischeren Namen, nämlich „Phantasus", legte sich Herzog Max zu, wenn er auf den Einfall kam, sich als Dichter zu betätigen. Er schrieb eine Reihe ganz passabler Dramen und Novellen und witziger Artikel für die berühmten „Fliegenden Blätter".

Und reiselustig war der Herzog. Immer wieder entfloh der Globetrotter seiner Familie und streifte kreuz und quer durch die Welt, bis nach Ägypten. Seine „Wanderung nach dem Orient" beschrieb er sogar in einem lesenswerten Buch, das aber nicht so viel Aufsehen erregte wie die Tatsache, dass der Herzog von seiner Reise vier Mohrenknaben nach Hause brachte. Er hatte sie auf dem Markt in Kairo gekauft und ließ sie zum Entsetzen der Hofgesellschaft in München feierlich taufen.

Sein Begleiter auf all diesen Touren und Extratouren war nicht irgendein wohlerzogener höfischer Kammerdiener, sondern der Wiener Gastwirtssohn Johann Petzmayer, ein urwüchsiger Naturbursche und Musikant. Mit der Zither über der Schulter kletterten der Herzog und Johann auf die Cheopspyramide und sangen dort oben original bayerische Lieder. Die arabischen Fremdenführer schüttelten nur die Köpfe und dachten, die beiden Herren hätten wohl einen über den Durst getrunken.

Noch mehr als mit den vier Mohrenkindern schockierte Herzog Max den Münchener Hof durch seine Zirkusleiden-

Elisabeths Eltern: links Herzogin Ludovika mit ihrem ältesten Sohn Ludwig, ihrer Tochter Helene und der neugeborenen Sisi, rechts Herzog Max in Bayern

schaft. Gleich hinter seinem Stadtpalais in der Ludwigstraße errichtete er eine Zirkusmanege und nahm als Direktor auch die Leitung des Unternehmens in die Hand. Es gelang ihm sogar, einige vorurteilslose junge Aristokraten und Damen des Adels zu gewinnen, die zum Gaudium der Münchener als Zirkusreiter und -reiterinnen auftraten. Seinen Kritikern erklärte der Herzog lachend: „Wenn wir nicht Prinzen wären, wir wären Kunstreiter geworden."

Man muss es schon sagen: Die Herzogin Ludovika, immerhin eine gebürtige Prinzessin von Bayern und damit die Schwester mehrerer Königinnen, hatte es nicht leicht mit ihrem wetterwendischen, einfallsreichen Herzog Max. Sie war zwar eine recht gutherzige und pflichtbewusste Mutter ihrer acht Kinder, aber dabei eine sehr resolute, adelsstolze, auf Würde und Distanz bedachte Dame. „Wir passen nicht zusammen", seufzte sie oft mit Blick auf ihren Mann. So zog sich mehr als einmal ein Gewitter am herzoglichen Ehehimmel zusammen. Und dann machte sich Herzog Max schleunigst mit seinem Kumpan Johann in die schützenden bayerischen Berge auf. Ludovika blieb oft allein zurück mit ihrer stetig wachsenden, ziemlich anstrengenden und nicht zu bändigenden Kinderschar.

Sisi in „Possi" – das war das glücklichste Kapitel in Elisabeths Lebensgeschichte. Und „Possi" hatten die Kinder das idyllische Schloss Possenhofen getauft, in dem Max mit seiner Familie ein mehr ländliches als höfisches Leben führte.

Schloss Possenhofen liegt kaum dreißig Kilometer von München entfernt am Starnberger See. Sisis Herz schlug jedes Mal höher, wenn die Familie im Frühjahr aus der Stadt aufs Land zog. Sie liebte dieses alte Gemäuer aus roten Steinen, mit seinem großen Park, seinen Rosengärten bis zum Seeufer. Es war ihr geheimer Garten, in dem sie mit ihren Tieren spielte, einem kleinen Reh, einem Lämmchen und ein paar Kaninchen. Stillsitzen mochte sie gar nicht, immer wieder entschlüpfte sie ihrer Gouvernante und lief hinaus in den Park. Aber sie hatte Talent zum Zeichnen, griff oft zu Block und Stiften. Auch die Begeisterung für das Reiten packte sie schon als Kind. Sie eiferte in allem ihrem Vater nach, der ihr großes Vorbild war.

Mit wenig Geld und viel Freiheit, ohne große Rücksicht auf Etikette und Konventionen wuchsen die acht Kinder der herzoglichen Familie auf, von denen einige lustige Rufnamen hatten: Ludwig (* 1831, genannt Louis), Helene (* 1834, genannt Néné), Elisabeth (* 1837, genannt Sisi), Carl Theodor (* 1839, genannt Gackel), Marie (* 1841), Mathilde (* 1843, genannt Spatz), Sophie (* 1847) und das Nesthäkchen Max Emanuel (* 1849), der „Mapperl" gerufen wurde. Eine große, bunte Kinderschar.

Niemand genoss dieses paradiesische Leben heiterer und selbstverständlicher als Sisi. Baronin Luise Wulffen, die Elisabeth mit neun Jahren in ihre Obhut nahm, nannte sie „zart und überempfindlich", besonders im Vergleich zu der robusteren Néné.

Sisi hatte das Glück, von der „Erziehung" weitgehend verschont zu bleiben, die sonst Prinzessinnen zuteil wurde. Die Bauern in der Umgebung von Possenhofen fanden nichts dabei, wenn die braun gebrannten Herzogskinder in Wollkleidchen durch die Almen und Wälder tobten. Sisi vor allem kletterte unbekümmert in den Bergen und brachte immer riesige Sträuße Bergblumen mit.

Ihr größtes Vergnügen war, zusammen mit Herzog Max, dessen Lieblingstochter Sisi war, Ausflüge zu machen. „Ich werde niemals müde zu gehen", erklärte die Kaiserin später. „Das habe ich meinem Vater zu verdanken. Er war ein eifriger Jäger und wünschte, dass meine Schwestern und ich hüpften und sprangen wie die Gämsen."

Einmal verirrten sich Vater und Tochter in ein Dorf, wo sie keiner kannte, und spielten dort in einer Schänke zum Tanz auf. Die Bauern warfen dem niedlichen Mädchen mit den langen braunen Zöpfen, das auf dem Tisch tanzte, einige Münzen zu. Dieses Geld bewahrte die Kaiserin ihr Leben lang auf und zeigte es manchmal lächelnd ihren Hofdamen mit den Worten: „Dies ist das einzige Geld, das ich in meinem Leben wirklich verdient habe."

Außer der Freude am Wandern erbte Elisabeth von ihrem Vater noch eine andere Passion, die sie fast ihr ganzes Leben hindurch begleiten sollte: die Liebe zu den Pferden. Wenn die herzogliche Familie im Winter nach München kam, stürzte Sisi sofort in den großen Reitstall. Und mit hochroten Wangen und blitzenden Augen bändigte das ebenso kräftige wie schlanke Mädchen selbst die widerspenstigsten Pferde.

Eines Tages warf sie ein Vollbluthengst im Galopp ab. Die

Erzieherin stieß einen Schrei des Entsetzens aus. Elisabeth jedoch sprang sofort wieder auf und bat lächelnd, den an den Flanken zitternden Hengst wieder besteigen zu dürfen.

Ja, Sisi war eine ziemlich wilde Prinzessin und alles andere als ein Musterkind. Gewiss, sie hatte Erzieherinnen, lernte, wie man tanzt, sich bei Hof benimmt und zur Not in einem halben Dutzend Sprachen höfliche Redensarten zustande bringt. Aber mehr als einmal platzte der Herzog in die Unterrichtsstunden hinein und entführte die Kinder in seine geliebten Berge. Die Kaiserin sagte später, dass sie in ihrer Kindheit bestimmt die unwissendste Fürstentochter gewesen sein dürfte. „Aber vielleicht auch die glücklichste", fügte sie dann lächelnd hinzu.

Aus dem kleinen Mädchen mit Zöpfen wurde mit der Zeit eine etwas ungebärdige, aber doch recht bezaubernde Prinzessin. Der Erste, der darauf aufmerksam wurde, war ihr habsburgischer Cousin, der Erzherzog Karl Ludwig. Bei einem Familientreffen in Innsbruck verliebte sich der Fünfzehnjährige in seine elfjährige Cousine mit dem anmutigen Gang und der eigenwilligen Nase. Er begleitete sie überallhin wie ein Kavalier und schenkte ihr Blumen und Früchte.

Nach der Abreise aus Innsbruck schickte der galante Erzherzog seiner Sisi nicht nur charmante kleine Briefe, sondern auch eine Rose, einen Ring und eine Uhr. Zum Neujahrstag 1850 traf sogar ein Armband von Karl Ludwig ein, und Elisabeth dankte ihm dafür auf von Rosen umrahmtem Briefbogen. Sie fand es nett, von ihrem Cousin angeschwärmt zu werden. Aber allzu viel hat sie sich nicht daraus gemacht.

In ihrem „Gedichtbüchlein", das sie ihr ganzes Leben sorgfältig und verschlossen aufbewahrte, tritt uns Elisabeth jedoch nicht ganz so frisch-fröhlich entgegen, wie die Menschen sie sahen. Sie war tief bewegt von romantisch-erotischen Gefühlen eines jungen Mädchens.

Als sie fünfzehn Jahre alt war, verliebte sie sich zum ersten

Mal. Der junge, schlanke Graf Richard von F., den sie bei Hof kennen gelernt hatte, weckte ihre Sehnsüchte. Augen hatten für sie offenbar einen besonders erotischen Zauber. Bei diesem Grafen, den sie nur flüchtig kannte, waren sie braun.

Ganz hingerissen war Sisi, und die von ihrem Vater ererbte poetische Ader begann sich zu regen. In ihr geheimes Tagebuch, das sie stets versteckte, schrieb sie folgende Verse:

Oh, ihr dunkelbraunen Augen,
Lang hab' ich euch angesehen,
Und nun will mir euer Bildnis
Nicht mehr aus dem Herzen gehen ...

Doch die heimliche Liebe blieb nicht lange verborgen, zu auffällig schaute das Mädchen dem Grafen Richard von F. nach. Es gab einen kleinen Familienkrach, als man bei Sisi ein Bild des Grafen fand. Es gab zürnende Worte der Mutter und Tränen der Tochter, die mit wundem Herzen in ihr Tagebuch eintrug:

Vorbei!
Du frische junge Liebe,
So blühend wie der Mai,
Nun ist der Herbst gekommen
Und alles ist vorbei.
Und nun ist er mir gar ferne,
Und ich sehe ihn gar nie.
Ach, ich wollt' zu ihm wohl gerne,
Wüsst' ich nur, wohin und wie.

Der Graf musste den herzoglichen Hof verlassen. Es kam noch schlimmer: Er starb kurz darauf an einer unheilbaren Krankheit. Und wieder schrieb sich Elisabeth ihren Kummer mit rührend unbeholfenen Worten von der Seele:

Die Würfel sind gefallen,
Ach, Richard ist nicht mehr!
Die Trauerglocken schallen –
Oh, hab' Erbarmen, Herr!
Es steht am kleinen Fenster
Die blond gelockte Maid.
Es rührt selbst die Gespenster
Ihr banges Herzeleid.

Elisabeth brauchte viele Monate, um über dieses Erlebnis hinwegzukommen. Und oft sahen ihre Schwestern Tränen in Sisis Augen schimmern.

Auch die zweite Liebe Elisabeths, wenn man die ersten schwärmerischen Gefühle des jungen Mädchens so nennen will, kostete sie viele Tränen. Wieder hatte ein junger Graf ihre Sehnsucht erweckt, und wieder vertraute Elisabeth ihre Schmerzen ihrem poetischen Tagebuch an:

Zu lang hab' ich gewendet
Mein Aug' aufs Antlitz dein,
Und nun bin ich geblendet
Von seiner Schönheit Schein.
Wenn der erste Morgenstrahl
Mich des Morgens grüßt,
Frage ich ihn jedes Mal,
Ob er dich geküsst ...

Auf einen Kuss ihres Angebeteten wartete Elisabeth jedoch vergeblich. Im Gegenteil, der Graf bemerkte die Schwärmerei der Prinzessin überhaupt nicht, sodass Elisabeth schließlich resigniert schrieb:

Denn ach, ich kann ja nimmer hoffen,
Dass liebend je du dich mir neigst.
Die harte Wahrheit sah ich offen,
's ist Freundlichkeit nur, was du zeigst.

Vielleicht lächeln wir heute über diese Gefühlsausbrüche einer Fünfzehnjährigen. Und doch kann man nicht daran zweifeln, dass es echte Gefühle und innere Erschütterungen waren, die das Herz der Prinzessin bewegten. Vielleicht waren die beiden jungen Grafen die einzigen Männer, die Elisabeth in ihrem Leben wahrhaft geliebt hat ...

*Abbildung Seite 16: Franz Joseph I. als junger Kaiser
von Österreich*

KAPITEL 2

Der fesche Kaiser

Herzogin Ludovika hatte ehrgeizige Pläne. Vor allem wollte sie ihre älteste Tochter Helene, genannt Néné, unter die Haube bringen. Sie war hocherfreut, als ihre Schwester, die Erzherzogin Sophie, Mutter des jugendlichen Kaisers von Österreich, den Vorschlag machte, die Familienbande durch eine Ehe zwischen Helene und Franz Joseph noch enger zu knüpfen. Néné war neunzehn Jahre alt, schon eine große und schlanke Dame, die sich gut zu benehmen wusste, ein bisschen blass, ein wenig zu ernst – das genaue Gegenteil des heiteren, romantischen Wildfangs Sisi.

Die beiden Schwestern Ludovika und Sophie, energische Chefinnen ihrer Familien, wurden sich ebenso rasch wie diskret einig. Eines Tages traf in Possenhofen die ersehnte Einladung zum Familientreffen in Ischl ein, bei dem sich die beiden Auserwählten näher kommen sollten. Alles wurde bestens vorbereitet und präzise arrangiert, nichts blieb dem Zufall überlassen. Franz Joseph, ganz der gehorsame Sohn seiner strengen Mutter, würde keinen Widerspruch wagen.

Der dreiundzwanzigjährige Kaiser, schlank und elegant wie ein Gardeleutnant, war von klein auf gewöhnt, den Anordnungen und Wünschen der Mutter zu folgen. Er war Sophies Augapfel und sie hätte ihn am liebsten in Watte gepackt. Als sie eines Tages den Eindruck hatte, dass die Erzieherinnen den kleinen Franz zu viel in den Kinderzimmern frei herumtollen ließen, wollte die Erzherzogin anord-

17

nen, alle Gegenstände, mit denen Franz spielte, polstern und mit Stoff überziehen zu lassen, damit sich der Kleine nicht verletzen konnte.

Franz Joseph wuchs in Schönbrunn auf, einem riesigen Schloss ganz in der Nähe von Wien. Von außen wirkte es wie ein Märchenschloss, doch so prächtig die Wände und Möbel der über sechshundert Räume waren, so primitiv war es damals mit der Heizung bestellt. Entweder waren die Zimmer völlig überheizt oder kalt und zugig. Der kleine Franz Joseph litt beinahe dauernd an Schnupfen. Und er wurde wie ein seltenes Tier angestarrt: All die vielen Erzherzöge, Generale und Minister mit ihren Gattinnen bevölkerten zu jeder Tagesstunde den Palast. Erbittert über die unhygienischen Zustände und die unaufhörlichen Prozessionen der Besucher schrieb die Erzieherin, eine Baronin, in ihr Tagebuch: „Das Kind des ärmsten Tagelöhners wird nicht so schlecht behandelt wie diese arme kleine kaiserliche Hoheit."

Die strenge und unnahbare Erzherzogin Sophie achtete sehr darauf, dass ihr Sohn sich die Umgangsformen und auch das Wissen aneignete, das er als künftiger Herrscher brauchte. Von früh bis spät war ein Heer von Gouvernanten und Erziehern um ihn, und bald beherrschte Franz die höfischen Manieren und das Tanzen genauso gut wie die ungarische Sprache und das Exerzierreglement der Gardetruppen.

Als der liebenswürdige, gutmütige, aber etwas schwachsinnige Kaiser Ferdinand – er war ein Onkel Franz Josephs – im dramatischen Revolutionsjahr 1848 abdankte, hatte Sophie ihren ältesten Sohn zu einem ziemlich perfekten Regenten erzogen. Und während in der Hofburg und in Schönbrunn in diesen verworrenen Wochen alles vor Aufregung zitterte und den Kopf verlor, blieb die Erzherzogin cool. „Sie ist der einzige Mann in der Hofburg", sagte man über die energische und zielstrebige Dame. Als gehorsamer Sohn seiner Mutter ließ Franz Joseph sich zum Kaiser krönen. Für den Achtzehnjährigen kam diese Wendung der Dinge selbst so überraschend, dass er sich nach der Zeremonie, vor Aufregung weinend, in die Arme seiner Mutter warf.

In den ersten Jahren seiner Regentschaft war Franz Joseph alles andere als beliebt. Einige Wiener Blätter nannten ihn mit Vorliebe „unseren blutjungen Kaiser"; wer die vorsichtige, von der Zensur reglementierte Sprache der Zeitungen zu deuten verstand, wusste, dass der Ton bei „blutjung" auf dem ersten Teil des Wortes lag.

Die Wiener vergaßen die Ereignisse des Revolutionsjahres 1848 nicht so rasch. Zwar war Franz Joseph an der blutigen Unterdrückung der Unruhen zum großen Teil unschuldig, denn in den ersten Jahren seiner Regentschaft stand er ganz im Bann der wenig humanen und fortschrittlichen Ratgeber seiner Mutter. Aber trotzdem waren diese grausamen Geschehnisse die ersten Schatten, die auf die Regierung des gerade erst gekrönten jungen Mannes fielen. Franz Joseph begann seine Regierungslaufbahn mit Verhaftungen, Hinrichtungen und militärischen Zwangsmaßnahmen, in Österreich, aber auch in den zum Reich gehörenden „Kronländern", vor allem Ungarn, Böhmen und Lombardo-Venetien.

Die Wiener bekamen ihren jungen Kaiser eigentlich nur hoch zu Pferde zu Gesicht, inmitten einer Schar adliger und hochmütiger Offiziere. Bald hatte Franz Joseph den Spitznamen „der rothosige Leutnant" weg, und auch das Kompliment „Wiens feschester Leutnant" hatte einen leichten Unterton von Spott.

Doch mit Franz Joseph war keineswegs zu spaßen, auch nicht zu reden – er schien nicht den geringsten Wert auf eine offene Aussprache mit seinen Wienern zu legen: Die Pressezensur war womöglich noch schärfer als zu früheren Zeiten. Und wenn der Kaiser an der Spitze seiner glänzenden Kavalkade von Offizieren durch die Straßen ritt, blickte er meist in schweigende Gesichter, die ihn aufmerksam, aber ohne jede

Begeisterung anstarrten. Franz Joseph schien dieses Schweigen nicht zu stören, völlig gleichgültig, manchmal kalt lächelnd, schaute er die Leute an.

Zwar wussten die Wiener, dass er nicht an allen strengen Verordnungen und Übergriffen allein schuld war, aber sie nahmen es ihm übel, dass er sich auf die wenig populären Ratgeber seiner Mutter verließ. Daher wunderte es kaum jemanden, als Franz Joseph eines Tages bei einem Spaziergang auf der Bastei von einem Attentäter überfallen wurde. Mit einem Messer stach der Mann den Kaiser in den Hals, aber der dicke Goldkragen der Uniform lenkte den Stoß ab. Franz Joseph wurde nur leicht verletzt. Sein Adjutant, Graf O'Donnel, und ein zufällig vorbeigehender Fleischermeister nahmen den Attentäter, einen Ungarn, gefangen. Der Kaiser kehrte blass, aber in aufrechter, beherrschter Haltung in die Hofburg zurück.

Erzherzogin Sophie jedoch hatte in diesen Jahren allen Grund, stolz auf ihren Sohn zu sein. Sie bewunderte seine schlanke, biegsame Gestalt, sein fein geschnittenes Gesicht mit den hellblauen, leuchtenden Augen, seine Höflichkeit und anmutige Ritterlichkeit im Umgang mit den Damen des Hofes. Und die Herzen der Komtessen flogen ihm zu. „Der Kaiser tanzt so gern und ganz vortrefflich", schwärmte eine seiner Anbeterinnen in einem Brief. „Ohne zu schmeicheln ist er der beste Tänzer und auch der unermüdlichste. Die Komtessen schwelgen im Glück, des Kaisers Erwählte zu sein. Sie fliegen dahin, wie von Oberons Horn beseelt, und genießen das bald zu Ende gehende Glück in vollen Zügen."

Die ungarische Gräfin Elisabeth Ugarte, deren Schönheit die Kavaliere am Wiener Hof beunruhigte, erregte die Aufmerksamkeit des Kaisers mehr als ihre Rivalinnen. „Die Hofbälle interessieren mich am meisten", schrieb sie ihrer Freundin, „da ich jedes Mal mit unserem deliziösen Kaiser tanze. Schon zweimal tanzten wir den Kotillon zusammen, was, wie du dir denken kannst, großes Aufsehen erregte und meiner kleinen Eitelkeit doch etwas schmeichelte. ... Er ist auch lieb und bestrickend in der Konversation und gewinnt außerordentlich bei näherem Kennenlernen."

Der Kaiser und die junge, schöne Gräfin lernten sich bald näher kennen, ja verliebten sich ineinander. Es kam vor, dass Franz Joseph an manchem Morgen sein Arbeitszimmer blass und zerstreut betrat. Und die Gefühle, die er für Elisabeth Ugarte empfand, blieben seiner Mutter keineswegs verborgen; sie wurde über alle Gerüchte bei Hofe durch ihre dienstbeflissenen Damen stets schnell und exakt unterrichtet. Die Erzherzogin griff kurzentschlossen ein: Eines Tages war die Gräfin vom Wiener Hof verschwunden. Der Kaiser ging mit etwas missmutigem Gesicht umher, aber er starb ebenso wenig an gebrochenem Herzen wie die schöne Elisabeth, die sich bald im tollen Strudel der Vergnügungen der Wiener Gesellschaft ablenkte.

Sophie erkannte, dass es nicht ratsam war, ihren liebesfeurigen Sohn den verführerischen Reizen ehrgeiziger Gräfinnen und Komtessen auszusetzen. Wer konnte wissen, welche Pläne diese raffinierten Damen in ihren hübschen Köpfen ausbrüteten? Es schien ihr an der Zeit, den unsicheren Liebesverhältnissen ihres Sohnes ein Ende zu machen und für Franz Joseph eine Gemahlin zu suchen.

An einem Sommertag des Jahres 1853 war es so weit. Sophie hatte einen Entschluss gefasst. „Wir fahren nach Ischl", sagte sie zum Kaiser. „Auch deine Cousine Helene wird zusammen mit Tante Ludovika da sein ..." Für Franz Joseph war völlig klar, was seine Mutter ihm zu verstehen geben wollte ...

Kapitel 3
Eine Liebe in Ischl

Franz Joseph hatte ein unangenehmes Gefühl, als er im Reisewagen saß. Er verschwendete kaum einen Blick für die Schönheit der Berglandschaft, die an seinen Augen vorbeizog, und auch dem langweiligen Vortrag über die Krise in den Beziehungen zwischen Österreich und Russland, den ihm sein in der Kutsche gegenübersitzender Generaladjutant, Graf Karl Grünne, hielt, hörte er kaum zu. Mit Peitschenhieben trieb der Kutscher die Pferde zu immer schnellerem Tempo an, denn der Kaiser war ungeduldig und wollte so bald wie möglich in Ischl sein.

Franz Joseph hatte sich in das Polster der Kutsche zurückgelehnt und seine Augen geschlossen, um ungestört nachdenken zu können. Vielleicht hatte seine Mutter ja recht, ihn mit der bayerischen Prinzessin Helene zu verheiraten. Politisch war eine Verbindung des österreichischen Herrscherhauses mit den bayerischen Wittelsbachern nur von Vorteil. Und musste er seiner Mutter nicht dankbar sein, die ihm, dem reichlich unerfahrenen Achtzehnjährigen, den Weg zum Kaiserthron geebnet hatte? Ja, er musste ihr schon den Gefallen tun und sich Helene einmal ansehen. Etwas sehr ernst und schüchtern sollte sie sein, und das gefiel Franz Joseph, der an die lebenslustigen, heiteren jungen Damen Wiens gewöhnt war, überhaupt nicht. Doch vielleicht hatte sich Néné in den fünf Jahren, die er sie nicht gesehen hatte, ja entwickelt ...

Ein paar Tage vorher bewegte sich eine sechsspännige

Kutsche aus Bayern in Richtung Ischl. Auch Prinzessin Helene machte während der Fahrt kein fröhliches Gesicht. Und noch nervöser war Herzogin Ludovika, die dem Treffen mit banger Erwartung entgegensah. Würde Néné dem Kaiser gefallen? Dieser Gedanke ging der besorgten Mutter immer wieder durch den Kopf. Schließlich galt Franz Joseph unzweifelhaft als die beste Partie Europas. Er war trotz seiner Jugend bereits imposanter Herrscher über ein Achtunddreißig-Millionen-Menschen-Reich, das damals auf dem Kontinent die erste Rolle spielte. Verständlich, dass das Herz Ludovikas, die fünf Töchter zu verheiraten hatte, voll zitternder Unruhe, aber auch voll Hoffnung war.

Nur einer Person im herzoglichen Reisewagen bereitete die Fahrt nach Ischl ungetrübtes Vergnügen: Nénés Schwester Elisabeth. Sie hatte mitfahren dürfen, weil ihr Vater, sehr zum Unmut seiner Frau, keine Lust zu solch steifen Familientreffen gehabt hatte. Für Sisis Reise war daher nicht besonders vorgesorgt worden: Sie hatte für die Abendsoiréen nur ein einfaches pfirsichfarbenes Musselinkleid im Koffer, während die neunzehnjährige Néné eine beeindruckende Prinzessinnenausstattung bekommen hatte, um sich in Ischl als attraktive Braut präsentieren zu können.

Mit staunenden Augen sah Sisi die herrliche Landschaft der bayerischen Alpen mit ihren Tannenwäldern, Sennhütten und Almen an sich vorüberziehen. Unermüdlich plapperte sie, was der Herzogin schon bald auf den Wecker ging. Deren Nerven waren ohnehin angespannt, und eine ihrer gefürchteten Migräneanfälle kündigte sich an.

Als der Wagen in Rosenheim hielt, stürzte Sisi sofort hinaus und half den Kutschern beim Tränken der Pferde. Plötzlich schwappte der Eimer über und das Wasser ergoss sich auf die Schuhe und das Kleid der Prinzessin. Mit einem Schrei sprang sie zurück.

„Sisi, sofort kommst du hierher", schimpfte die Herzogin

aufgebracht. „Es ist nicht die Aufgabe einer Prinzessin, Kutschern beim Tränken der Pferde behilflich zu sein."

Doch Sisi sollte ihrer Mutter in diesen Augusttagen des Jahres 1853 noch größere Sorgen bereiten. Denn in Ischl sollten sich die Dinge ganz anders entwickeln, als sich die beiden Schwestern Sophie und Ludovika ausgedacht hatten. Das wohl vorbereitete Heiratsprogramm der beiden Mütter würde bald wie eine Seifenblase platzen.

Franz Joseph kam ziemlich mürrisch in Ischl an. Dies würde für ihn kein besonders lustiger Geburtstag werden. Mitten im Trubel des Verwandtschaftstreffens musterte er Néné heimlich mit kritischen Augen. Die für ihn bestimmte Braut wusste, was auf dem Spiel stand; Helene war verständlicherweise sehr aufgeregt. Obwohl sie die letzten Monate gelernt hatte zu konversieren und sich richtig zu bewegen, machte sie auf den Kaiser einen gehemmten Eindruck. Da war Sisi besser dran. Für sie war der Ausflug ein einziger Spaß; ihrem Cousin, den sie ein paar Jahre vorher in Innsbruck kennen gelernt hatte, begegnete sie unbekümmert und fröhlich. Bis ... ja bis sie einige seiner Blicke auffing.

Der Charme, den Sisi ausstrahlte, ging Helene völlig ab. Hölzern und steif saß sie auf dem Stuhl, warf dem Kaiser nur verschämt-verlegene Blicke zu. Sie hatte nicht die Spur von Charme und Grazie. Franz Joseph war überhaupt nicht begeistert von der Aussicht, mit ihr den Rest seines Lebens zu verbringen. Er verschwendete keinen Gedanken mehr, ob Helene für ihn in Frage kam oder nicht. Denn als er Sisi sah, war er gebannt wie noch nie in seinem Leben.

Die Familie fragte sich erstaunt: Was war nur in den Kaiser gefahren? Statt bei Tisch und bei der Konversation mit Helene zu plaudern, sprach er fast ausschließlich mit Elisabeth. Gewiss, Franz Joseph war so höflich, ein paar konventionelle, verbindliche Worte an Helene zu richten, die verkrampft und ernst im Bewusstsein des feierlichen Augenblicks dasaß. Aber alle Anwesenden spürten es deutlich: Die beiden wurden nicht recht warm bei ihrer Unterhaltung, da sprang kein Funke über.

Sisi wusste nicht, wie ihr geschah. Sie wurde rot, wenn Franz Joseph sie ansprach, ihr fiel kaum eine gescheite Antwort ein. Plötzlich war sie es, die im Zentrum der kaiserlichen Aufmerksamkeit stand. Warum nur, warum? Sie fühlte die Blicke, die der Kaiser ihr zuwarf. Und auch den anderen Damen und Herren fiel auf, wie verliebt Franz Joseph seine junge Cousine ansah. Ihre zarte, schlanke Gestalt, ihr fülliges, kastanienbraunes Haar, das sich in Locken um die hohe Stirn schmiegte, der offene Blick, ihr vor Verlegenheit gerötetes Gesicht, das nur scheu zu lächeln wagte – all das schien Franz Joseph viel anziehender zu finden als die formelle und steife Würde ihrer Schwester Helene.

Einem vor allem missfiel das Interesse, das der Kaiser Sisi entgegenbrachte: seinem jüngeren Bruder Karl Ludwig. Er hatte sich sehr auf die Tage in Ischl gefreut, sollte er doch endlich das reizende Mädchen wieder sehen, dem er so viele liebe Briefe, Süßigkeiten und Schmuckstücke geschickt hatte. Und nun verdarb ihm der ältere Bruder die Freude des Wiedersehens, indem er Karl Ludwig kaum einen Satz ungestört mit Sisi reden ließ. Er wurde richtig eifersüchtig und erklärte seiner Mutter, als er mit ihr allein war: „Mama, die Sisi hat dem Franz so gut gefallen, viel besser als Néné. Du wirst sehen, er wird viel eher sie wählen als die ältere Schwester."

Sophie sah ihren Sohn belustigt an. „Aber wo denkst du hin, diesen Fratz", winkte sie ab. Und doch fühlte sie, dass Karl Ludwig ihre eigenen Gedanken erraten hatte.

Auch Elisabeth war an diesem Tage mehr ungemütlich als heiter zumute. Das Mädchen fühlte sich überhaupt nicht wohl inmitten der so würdig dinierenden und konversierenden Majestäten und Hofleute. Sisis Tischnachbar, Prinz Ludwig von Hessen, war ganz verblüfft, dass die Prinzessin mit hochroten Wangen dasaß, ohne die Delikatessen der kaiserlichen Tafel anzurühren. Besorgt erklärte er der Erzherzogin Sophie: „Bis jetzt hat Sisi nur Suppe und gemischten Salat gegessen. Sie muss sich wohl einen Fastentag verordnet haben."

Elisabeth selbst aber gestand ihrer Gouvernante Roedi in einem unbeobachteten Augenblick: „Die Néné hat's gut, die hat schon viele Menschen gesehen, aber ich nicht. Mir ist so bang, dass ich gar nicht essen kann."

Doch auch Néné fühlte sich alles andere als wohl. Im Gegenteil, diese Tage in Ischl waren die peinlichsten und erniedrigendsten ihres Lebens. Nur allzu deutlich war allen Mitgliedern der kaiserlichen und herzoglichen Familie, dass Franz Joseph sein Herz nicht der stolzen, wohlerzogenen Helene geschenkt hatte, sondern der so wundervoll unbefangenen, zarten Sisi. Von Seiten des Kaisers war es eine Liebe auf den ersten Blick. Bedenkenlos, impulsiv traf der sonst so bedächtige und kritische Kaiser diese Entscheidung über das Leben zweier Menschen innerhalb weniger Stunden.

Erzherzogin Sophie war entsetzt. Sie hatte Helene ausgesucht, weil sie ihr klug, ruhig und zurückhaltend schien; ihre Haltung war tadellos und einer Kaiserin würdig. Sisi dagegen war für sie ein unbeschriebenes Blatt. Und warum sollte ausgerechnet ihr vernünftiger „Franzl" sich eine dumme Liebesgeschichte in den Kopf setzen?

Sophie versuchte ihrem Sohn ins Gewissen zu reden. Vergeblich! Zum ersten Mal wagte er seiner Mutter zu widersprechen. Die Erzherzogin musste nach einer erregten Diskussion mit ihrem sonst so gehorsamen und jetzt so eigensinnigen Sohn erkennen, dass es ihm ernst war und dass nichts seinen Entschluss umstimmen konnte. Im Gegenteil: Ihre Weigerung würde die Lage höchstens noch verschlimmern. Sisi, diesen ahnungslosen Fratz, kann ich mir noch so erziehen, wie ich ihn brauche, tröstete sie sich.

Nach der entscheidenden Aussprache zwischen Mutter und Sohn überstürzten sich die Ereignisse. Zum Ball am Tag nach der Ankunft des Kaisers – es war der Vorabend seines Geburtstages – hatten die bayerischen Prinzessinnen ihre schönsten Kleider angezogen. Néné trug ein atemberaubend elegantes Kleid aus weißer Seide mit Schleppe, das ihre hohe, schlanke Gestalt fantastisch zur Geltung brachte. In ihr Haar hatte sie einen schlichten Efeuzweig gesteckt. Elisabeth dagegen war auf einen großen Auftritt überhaupt nicht vorbereitet; sie trug ihr luftiges, schimmerndes Musselinkleid.

Die Ballgesellschaft bemerkte die strahlenden Blicke, mit denen der Kaiser Elisabeth betrachtete. Was würde geschehen? Die Atmosphäre knisterte vor Spannung.

Dann kam die erste Sensation: Franz Joseph tanzte den feierlichen Kotillon, Höhepunkt eines jeden Balles, nicht etwa mit der ältesten Tochter der bayerischen Herzogin, wie es die Etikette vorschrieb. Mit strahlendem Gesicht, wie ein verliebter junger Leutnant, führte der Kaiser Elisabeth zum Tanz. Zum Schluss drückte er seiner Herzdame nicht nur den Kotillonstrauß in die Hand, sondern auch alle übrigen Bukette. Die anderen jugendlichen Balldamen, die sich schon auf einen Blumengruß Seiner Majestät gefreut hatten, machten verblüffte, enttäuschte Gesichter.

Am nächsten Morgen waren die Würfel bereits gefallen. In aller Frühe kam der Kaiser in das Zimmer seiner Mutter und teilte ihr entschlossen mit, dass er Sisi heiraten wolle. Und sie, seine Mutter, bat er, bei Herzogin Ludovika um Elisabeths Hand zu bitten.

Die Erzherzogin sah ein, dass sie diesmal klein beigeben musste. Schließlich blieb ihr gar nichts anderes übrig, als gute Miene zu diesem Spiel zu machen. Franz Joseph erschien ihr so verändert. Der Kaiser bewies das erste und einzige Mal in seinem Leben Fantasie, entzündet durch Sisis Bezauberung. Diese Sisi schien ihn verhext zu haben.

Nicht nur der in Ischl anwesende kaiserliche Hof hatte sein Tagesgespräch. Ganz Ischl redete von nichts anderem als von der Szene, die sich am nächsten Tag in der Kirche des kleinen Ortes abspielte. Hunderte Menschen drängten sich in und vor der Kirche, als bekannt wurde, dass der Kaiser an der Messe teilnehmen wollte. Die Volkshymne wurde gespielt, dann ging plötzlich ein Flüstern durch die Reihen. Alle hatten erwartet, dass Franz Joseph und seine Mutter die Kirche als Erste betreten würden. Doch Erzherzogin Sophie blieb zurück und ließ einem Mädchen den Vortritt, das die meisten Ischler noch nie gesehen hatten. Wie kam die kleine Prinzessin zu der Ehre, dass die mächtigste Dame Österreichs, die Mutter des Kaiser, sie vor sich gehen ließ?

Dann trat der Kaiser vor den Altar, an seiner Hand führte er Elisabeth. Fast schüchtern bat Franz Joseph den Pfarrer: „Ich bitte, Hochwürden, segnen Sie uns, das ist meine Braut."

Noch am selben Tage sagte er zu Elisabeth: „Weißt du, ich kann dir gar nicht sagen, wie glücklich ich bin."

Kein Zweifel: Franz Joseph liebte seine Braut. Aus der beabsichtigten hochfürstlichen Standes- und Zwangsehe war doch noch eine Liebesheirat geworden. Und Sisi, die Prinzessin Elisabeth in Bayern, das Waldmädchen, das Bergkind, das Tiere und Bäume mehr liebte als Menschen – was dachte sie? War sie auch glücklich? Empfand sie zärtliche Zuneigung für Franz Joseph?

Sicherlich war sie mehr bestürzt und überrascht als verliebt und glücklich. Zu plötzlich hatte ihr Cousin sie mit seiner ungestümen Liebe überfallen. Sie konnte es weder mit ihrem Herzen noch mit ihrem Verstand so recht fassen: gestern noch ein unbekanntes, bayerisches Prinzesschen und heute die Braut eines der mächtigsten Männer Europas. Manchmal stiegen Elisabeth Tränen in die Augen, und es waren nicht nur Tränen der Freude.

Ängstlich erklärte sie ihrer Gouvernante Roedi, die von ihr

wissen wollte, ob sie den Kaiser denn liebe: „Ja, wie sollte man diesen Mann nicht lieben? Aber wie kann er nur an mich denken? Ich bin ja so jung, so unbedeutend. Ich würde ja alles tun, um den Kaiser glücklich zu machen, aber ob es wohl gehen wird? Ja, ich habe ihn schon lieb. Wenn er nur kein Kaiser wäre!"

Schon in den ersten Tagen ihrer Brautzeit ahnte Elisabeth, dass ihr als Kaiserin keine ungetrübte Zukunft bevorstehen würde. Sie empfand große Angst vor der strengen, zeremoniellen Welt des Hofes. Und sie wagte nicht recht an ihr Glück zu glauben, das so strahlend über ihr aufzugehen schien.

Noch ein anderer war alles andere als hocherfreut: der beste Freund in Elisabeths bisherigem Leben, ihr Vater, Herzog Max, der aus Abneigung gegen hochfürstliche Zusammenkünfte nicht mit nach Ischl gekommen war. Ungläubig schüttelte er den Kopf, als er Ludovikas Telegramm in Händen hielt: „Kaiser verlangt Sisis Hand und deine Einwilligung." Er fragte bei der Post nach, ob nicht eine Namensverwechslung vorliege. Aber unverzüglich kam der Bescheid zurück, es sei wirklich seine Tochter Elisabeth gemeint.

Stirnrunzelnd telegrafierte Max seine Einwilligung. Und selbst dem sonst so unfeierlichen und saloppen Bayernherzog wird es ganz feierlich zumute gewesen sein, als er wenige Tage später in der „Wiener Zeitung" die offizielle Anzeige las: „Seine Kaiserliche und Königliche Apostolische Majestät, unser allergnädigster Herr und Kaiser Franz Joseph der Erste, haben sich während Allerhöchstdesselben Aufenthalt in Ischl, nach Einholung der Einwilligung Seiner Majestät König Maximilians des Zweiten von Bayern sowie der hohen Eltern der Braut, mit Prinzessin Elisabeth Amalie Eugenie, Herzogin in Bayern, Tochter ihrer Hoheiten des Herzogs Maximilian Joseph und der Herzogin Ludovika, geborener königlicher Prinzessin in Bayern, verlobt. Möge der Segen des Allmächtigen über diesem für unser hohes Kaiserhaus und das Kaiserreich so glücklichen und frohen Ereignisse ruhen."

Als Franz Joseph seine Elisabeth mit strahlendem Gesicht in die Arme schloss, was mochte sie da gefühlt haben? Sicherlich keinen Triumph über ihre ältere Schwester. Sie vermochte ihr Schicksal gar nicht zu erfassen, so plötzlich überrollte es sie. Sie hatte geträumt, doch nie so hoch hinauf. Und nun sollte das alles Wirklichkeit werden? Urplötzlich, buchstäblich über Nacht?

Das kleine Ischl setzte alles daran, das Fest der Verlobung auszuschmücken: Unter weiß-blauem und schwarz-gelbem Fahnengeflatter drängten sich die Menschen in den engen Gassen. Eine Flut von Blüten regnete auf das Brautpaar in der Kutsche herab. „Hoch Elisabeth!" Die erwählte Prinzessin wurde angestaunt wie ein Wunderkind des Glücks.

Feuerwerke, Bälle, Ausflüge. Eine festliche Hochstimmung hatte Ischl erfasst, die mehrere Tage andauerte.

Dies war sicherlich der glücklichste Augenblick in Franz Josephs Leben. Er genoss die Wellen der Sympathie, die über ihm und seiner Braut zusammenschlugen. Für Elisabeth dagegen war das Angestarrtwerden etwas ganz Neues – und es wurde bald zum Albtraum. Sie zwang sich zu lächeln und freundlich zu winken, aber sie fühlte sich beklommen und unsicher.

KAPITEL 4

Abschied von der Mädchenzeit

Junge Brautleute schweben meistens im Glück. Und Franz Joseph war wirklich glücklich: Der Kaiser, der sonst auf so viel Standespflichten Rücksicht nehmen musste, fühlte sich gelöst und beschwingt wie noch nie in seinem Leben.

Und er hatte wirklich allen Grund zu dieser festlichen und frohen Stimmung. Wie selten war es einem Monarchen doch möglich, der Stimme seines Herzens folgen zu dürfen. Franz Joseph jubelte: Er hatte eine Frau gefunden, die nichts in die Ehe mitbrachte als ihre reizende Jugendlichkeit und erfrischende Natürlichkeit. Jeden Tag beglückwünschte er sich von neuem zu seiner Wahl. Immer wieder beteuerte er in den Briefen an seine Mutter, wie froh er über seine Entscheidung sei.

Die Hochzeit war auf den April des kommenden Jahres festgesetzt worden. Sofort lief ein strenges Programm an, um im Eiltempo nachzuholen, was bei Sisis lockerer Erziehung versäumt worden war. Sie lernte Sprachen, vor allem auch Geografie und Geschichte des komplizierten Vielvölkerreiches ihres Bräutigams, von dem sie so gut wie gar nichts wusste. Der liebenswürdige ungarische Geschichtslehrer Graf Johann Majláth schilderte ihr in glühenden Farben die Geschichte seines Heimatlandes, unterrichtete sie in seiner Muttersprache und weckte ihre Sympathie für alles Ungarische.

Wenn er irgend konnte – und es war selten genug –, riss der Kaiser sich aus Wien los, überließ die Erledigung der Akten seinen Ministern und Kanzleiräten und besuchte seine Braut in München und Possenhofen. Mit den jungen Geschwistern Elisabeths stürmte er im Fangspiel durch die Säle des Schlösschens am Starnberger See, nahm die Jüngsten auf die Knie und erzählte ihnen Märchen.

Mit Elisabeth machte der Kaiser Ausflüge auf Almen und in Wälder, unternahm lange Spaziergänge, und manchmal beobachtete ein neugieriger Bauer oder Jäger aus der Ferne, wie der Kaiser seine schlanke Gefährtin leidenschaftlich in die Arme schloss und küsste. Die Anmut und Gewandtheit Elisabeths riss ihn immer wieder zu Ausrufen der Begeisterung hin. Und stolz sah er zu, wenn Sisi ihm ihre Reitkünste vorführte. In Wien las die Erzherzogin in einem Brief ihres Sohnes: „Alle Tage liebe ich Sisi mehr und immer überzeuge ich mich mehr, dass keine für mich besser passen kann als sie."

Im Überschwang seiner Gefühle engagierte Franz Joseph gleich drei Maler, um seine schöne Braut porträtieren zu lassen. Über jedes Kompliment, das Elisabeth galt, freute er sich wie ein Junge. Sie hatten es nicht leicht, die Künstler, denn der Kaiser saß ebenso kritisch wie ungeduldig dabei, wenn Sisi gemalt wurde, und vertrieb ihr die Zeit.

Oft traf ein Brief von Franz Joseph in Possenhofen ein, auch etliche Geschenke wurden im herzoglichen Palais abgegeben: Der Kaiser griff tief in seine Privatschatulle und sandte Sisi kostbaren Schmuck, der durch Sonderkuriere überbracht wurde: einen edelsteinbesetzten Armreif und zu ihrem Namenstag am 19. November ein Rosenbukett aus Juwelen, gefasst in Diamanten. Beim Hofjuwelier bestellte der Kaiser das Hochzeitsgeschenk: die Krone, die mit großen Rubinen besetzte Schärpe und das Diadem aus Diamanten. Ein anderes Mal war es ein Zobelpelz, denn Sisi hatte geschrieben, dass sie friere.

Elisabeth als Braut

Weihnachten 1853 stand er dann selbst als Geschenk vor der Tür. Nach einer Hetzfahrt – „nur" einunddreißig Stunden hatte die Kutsche durch Wind und Wetter gebraucht – erschien Franz Joseph mitten in der Nacht im schlafenden herzoglichen Palais und wünschte stürmisch Sisi zu sehen. Er hatte einen riesigen Blumenstrauß aus den Gewächshäusern von Schönbrunn mitgebracht. Und auch Sisi hatte ein Geschenk für ihren künftigen Gemahl: ihr Porträt als Reiterin.

Nur mit viel Selbstüberwindung riss Franz Joseph sich noch vor Silvester aus den Armen seiner Sisi los, und missmutig seufzte er dann über den Aktenbergen seines Arbeitszimmers in der Hofburg. Erzherzogin Sophie dürfte vermutlich nicht gerade entzückt gewesen sein, als sie das briefliche Geständnis ihres Mustersohnes zu lesen bekam: „Es war ein harter und schwerer Sprung aus dem irdischen Himmel in die hiesige papierene Schreibtischexistenz mit ihren Sorgen und Mühen."

Auch Elisabeth im fernen München hatte ihre Sorgen und Mühen. Anfangs fiel sie von einer Verlegenheit in die andere und wusste gar nicht, wie sie den neugierigen Blicken, die auf sie gerichtet wurden, entfliehen sollte. Es schien den Leuten, die sie überall neugierig anblickten, geradezu Spaß zu machen, die Braut zum Erröten zu bringen. Und fassungslos musste sie zur Kenntnis nehmen, dass ihre Schwiegermutter darauf bestand, von ihr mit „Sie" angeredet zu werden. Was war das für eine merkwürdige Welt, die auf sie wartete?

Die Hoffeste und Bälle, wo sie nach Herzenslust tanzen konnte – wenn auch vorerst recht unbeholfen –, machten Sisi noch einigen Spaß. Als sie sich aber bei einem offiziellen Empfang in München sämtlichen Diplomaten vorstellen lassen musste, fielen ihr unwillkürlich die Worte ihrer Mutter ein, eine Kaiserin müsse sich vor allem mit Anstand zu langweilen verstehen.

Der preußische Gesandte schrieb seinem König in Berlin

sehr anschaulich seinen Eindruck: „Die junge Herzogin scheint bei allem Glanz und bei aller Hoheit der Stellung, die ihrer an der Seite ihres erhabenen kaiserlichen Bräutigams wartet, doch den Abschied von ihrer bisherigen Heimat und ihrem Familienkreise schwer zu empfinden, und der Ausdruck hiervon warf einen leisen Schatten über das in der Fülle jugendlicher Anmut und Schönheit strahlende Antlitz der durchlauchtigsten Prinzessin."

Im März kam Franz Joseph noch einmal auf Blitzbesuch, und obwohl die Tage angefüllt waren mit Festessen, Empfängen und Veranstaltungen, blieb doch Zeit für familiäre Vergnügungen. „Gestern haben wir bei dem herrlichsten Wetter, welches hier seit einigen Tagen herrscht, und sehr angenehmer Wärme eine Exkursion nach Possenhofen gemacht", schrieb er. „Das Gebirge, mit Schnee bedeckt und ganz nah erscheinend, als wenn wir am Fuße desselben gewesen wären, spiegelte sich in dem dunkelblauen See, auf welchem eine Menge Wildenten schwammen. Wir waren nur en famille, nämlich die Schwiegermama, Sisi, Néné, Marie, Spatz, Louis, Gackel und ich, und sehr lustig, besonders nach dem Diner, bei welchem die Jugend etwas mehr Champagner genossen hatte, als sie vertragen konnte."

Trotz solcher ausgelassenen Familienfeste bekam Elisabeth es deutlich zu spüren: Die unbefangene Mädchenzeit ging unwiderruflich zu Ende. Sisi fiel der Abschied von ihrer Heimat wirklich sehr schwer. Die Diener des Herzogs Max und die Zofen Ludovikas, die dachten, ihre Lieblingsprinzessin müsse bei so viel Glück stets ein strahlendes Gesicht zeigen, waren verblüfft, wie häufig sie Sisi blass und ernst sahen. Es passte so gar nicht zu ihr ...

Schwieriger durchzustehen als die Unterrichtslektionen waren die Kleiderproben. Als Kaiserin würde sie sich öfter umziehen müssen, manchmal sechsmal am Tag, da brauchte man schon eine große Anzahl von Roben und Kleidern, ganz zu schweigen von den Unterwäschestücken, die so zahlreich waren, als müsste die Braut für ihr Leben und noch darüber hinaus gerüstet sein. Vierzehn Dutzend Paar Strümpfe und besonders die zwanzig Paar verschiedenen Handschuhe gaben Sisi zu denken.

Die Beschäftigung mit der Hochzeitsausstattung schien ihr nicht viel Spaß zu machen. Mit unwilligem Gesicht kramte sie in den Dutzenden von Kleidern, Mänteln, Hüten und Hemden aus feinsten Stoffen herum. Die Schneiderinnen waren froh, wenn sie die Prinzessin mal für ein paar Minuten zur Anprobe erwischen konnten. „Ich bin doch kein Garderobenständer", rief Elisabeth, „lasst mich bloß in Frieden mit der dauernden An- und Auszieherei!"

Dann lief sie in ihr Zimmer und sah melancholisch aus dem Fenster. Ihr Blick schweifte über die winterlichen Bäume und Büsche des Gartens hinweg, in dem sie oft als Kind umhergetollt war. Voller Wehmut dachte sie an diese Zeit zurück und schrieb in ihr Tagebuch:

Lebet wohl, ihr stillen Räume,
Lebe wohl, du altes Schloss,
Und ihr ersten Liebesträume,
Ruht so sanft in See's Schoß.
Lebet wohl, ihr kahlen Bäume,
Und ihr Sträucher, klein und groß.
Treibt ihr wieder frische Keime,
Bin ich weit von diesem Schloss.

An einem sonnigen Aprilmorgen 1854 nahm Elisabeth Abschied. Gerührt reichte sie den Gefährten ihrer Kindheit und Jugend die kleine, schmale Hand: der Köchin, dem Bootsmann, dem Gärtner, den Zofen, Dienern und Stallburschen. Dann konnte sie nicht mehr an sich halten – und Tränen stiegen ihr in die Augen.

KAPITEL 5

Traum in Weiß

Vielleicht sind die Fürsten früher in ihrer Vorliebe für
Prunk und Pracht oft zu weit gegangen und haben die schwer
erarbeiteten Gelder ihrer Untertanen für überflüssigen Pomp
verschwendet. Es gab höfische Feste, die das Volk mehr er-
bitterten als erfreuten. Selten jedoch ist eine Hochzeit von so
vielen Menschen mit mehr Begeisterung mitgefeiert worden
wie die von Franz Joseph und Elisabeth im Frühling 1854.

Sisis Fahrt von München nach Wien glich einem farbenprächtigen, musikklingenden Triumphzug. Mit Hochrufen
wurde sie in München verabschiedet, in einer sechsspännigen
Kutsche fuhr sie mit ihrer Mutter, Néné und ihrem Bruder
Carl Theodor aus der Stadt hinaus bis Straubing, wo die
Hochzeitsgesellschaft ein Schiff bestieg, auf dem es donauab-
wärts ging. In Linz erwartete Franz Joseph seine Braut. Um
ein Uhr in der Nacht war er in Wien, begleitet von seinem
Bruder Maximilian, aufgebrochen, um Sisi bei ihrer Ankunft
in seinem Land persönlich zu begrüßen und sie zum Haus des
Bürgermeisters zu begleiten. Dann kehrte er sofort wieder
nach Wien zurück.

Am nächsten Tag ging die Fahrt die sonnenbeschienene
Donau hinunter weiter, vorbei an blühenden Obstgärten und
dem farbenprächtigen Spalier der Zehntausende von Menschen, die sich am Ufer drängten. Das umjubelte Dampfschiff „Franz Joseph", auf dem die Kaiserbraut reiste, war mit
unzähligen duftenden Rosen geschmückt. Elisabeth taten die

37

Füße weh, weil sie dauernd von einer Schiffsseite zur anderen lief, um sich der Menschenmenge an den Ufern zu zeigen und allen zuzuwinken.

Am größten aber war die Aufregung in Wien. An diesem Tag gab es in der lebensfreudigen Hauptstadt wohl kaum einen Bürger, der sich nicht voll Neugierde am Donauufer und an den Straßen drängte, durch welche die kaiserliche Braut fahren sollte. Wien war damals eine leichtherzig beschwingte Stadt der Musik, der Theater, des Tanzes und der schönen Frauen. Die Wiener waren neugierig, ob die bayerische Prinzessin auch wirklich so reizend aussehen würde, wie sie die vielen, weit verbreiteten Bilder zeigten. Und Elisabeth sollte die Wiener nicht enttäuschen, wenigstens was die Schönheit betraf.

Im festlich geschmückten Nussdorf unterhalb des Leopoldsberges legte das Rosenschiff an. Seit Stunden wartete dort die Bevölkerung; man hatte einen Triumphbogen, Tribünen für die prominenten Gäste und ein großes Zelt für die kaiserliche Familie aufgebaut. Erwartungsvoll sah Franz Joseph zu, wie das Schiff, das sich etwas verspätet hatte, anlegte. Er konnte seine Unruhe kaum verbergen.

Allein stand Elisabeth auf der Kommandobrücke und dankte mit dem Winken des Schleiers für die brausenden Hochrufe. Und der Kaiser fühlte sich so beschwingt, dass er mit ein paar flotten Schritten zur Brücke hinaufeilte und seine Braut vor aller Augen in die Arme schloss. Ein Orkan von Hochrufen brauste über sie hinweg. Elisabeths Hand haltend, als könnte sie ihm noch entwischen, schritt er zur wartenden Karosse.

Acht weiße Lipizzaner, deren Köpfe Federbüsche zierten, zogen den goldenen Galawagen, in dem Elisabeth nach Schönbrunn fuhr – durch Triumphpforten, begleitet vom Spiel mehrerer Kapellen und von einem wogenden Meer von Zuschauern, die sich in den Straßen Wiens drängten. Ent-

zückt bestaunten die Menschen am Straßenrand das silber-
durchwirkte hellrote Kleid und den mit Rosen besetzten
weißen Mantel der Braut, in deren Haar ein weithin leuch-
tendes Diadem und ein Kranz aus weißen und roten Rosen
prangten. Die Gastwirte der am Wege liegenden Beisln spen-
dierten Gratiswein, mit welchem dem kaiserlichen Brautpaar
zugeprostet wurde.

In Schönbrunn war der große Park für das Volk geöffnet
worden. Hier wartete auch die weit verzweigte Familie der
Erzherzoginnen und Erzherzöge, an ihrer Spitze der abge-
dankte Kaiser Ferdinand und seine Kaiserin, denen die
Hände geküsst werden mussten. Eine endlose Schar von Hofdamen und -herren wurde Elisabeth vorgestellt. Sie konnte
sich unmöglich alle Namen merken ...

Doch der aufregende Tag war noch nicht zu Ende, als sich
der Abend über Schönbrunn senkte. In ihren Gemächern
erwartete Elisabeth die ältliche und strenge Obersthofmeisterin Gräfin Esterházy, doch zum Glück flankiert von zwei jungen eleganten und nicht unsympathisch wirkenden Damen:
Elisabeths Hofdamen Paula Bellegarde und Gräfin Karoline
Lamberg, die der Braut gleich wieder weitere dienstbare
Geister ihres Hofstaates vorstellten: Zofen, Frisörin, Kammermädchen – es nahm kein Ende. Und dann: Umziehen
zum großen Familiendiner ...

Als Elisabeth endlich ins Bett steigen wollte – immer in
Begleitung, nie allein –, legte man ihr ein umfangreiches
Schriftstück vor: „Zeremoniell bei dem öffentlichen Einzug
und der Vermählung Ihrer königlichen Hoheit der durchlauchtigsten Prinzessin Elisabeth". Es war schwierig zu lesen
und umständlich zu begreifen, ein geradezu verzwicktes Do-
kument, das die Zeremonienmeister der Hofburg ausgeklü-
gelt hatten. Elisabeth runzelte ihre Stirn so unmutig beim
Durchstudieren des Schriftstücks, dass Franz Joseph voller
Mitleid sagte: „Ach Gott, denk nicht daran, Liebling, das

gehört nun einmal zu unserem Beruf. Es ist nicht so schrecklich, du wirst dich daran gewöhnen. Und du wirst sehen, wie entzückt die Wiener von meiner lieben, reizenden Braut sein werden." Elisabeth war so müde, dass ihr fast die Augen zufielen ...

Die Kaiserbraut hatte es nicht leicht in diesen Tagen, und die Hochzeitsfeiern, die ihr kaum eine freie Minute ließen, verwirrten sie. Elisabeth, die nicht in dieser Welt der Regeln und Zeremonien aufgewachsen war, musste sich sehr zusammennehmen, um nicht die Nerven zu verlieren. Sie spielte ihre Rolle jedoch so gut, dass selbst die strenge Schwiegermutter Sophie mit ihrer Nichte zufrieden war. Nur beim Empfang der Hofdamen im Theresianum, dem alten Kaiserschloss, wurde Elisabeth plötzlich von einem Weinkrampf gepackt; sie ließ die verblüfften Komtessen stehen und stürzte schluchzend in das Nebenzimmer. Wie ein kleines Mädchen musste sie getröstet und ermuntert werden, bevor sie sich wieder der Hofgesellschaft zeigte.

Vom Theresianum aus ging der traditionelle „Einzug der kaiserlichen Braut in die Haupt- und Residenzstadt Wien". Bereits die Vorbereitungen waren äußerst strapaziös und aufreibend. Die vielen Hände, die an ihr herumnestelten und -hefteten, um ihr das weiße Prunkkleid und das Diadem anzulegen, zerrten an Elisabeths Nerven. Schließlich stand sie tränenüberströmt da und ihre Mutter tat ihr Bestes, um sie zu beruhigen. Doch wonach sie sich sehnte, war Franz Joseph: Sie wäre so gern in seine Arme geflohen. Nur ein paar Minuten kam er, um sie zu bewundern, dann war er schon wieder weg. Sie fühlte sich entsetzlich verlassen.

Als Elisabeth vor das Portal des Theresianum trat, um die achtspännige Prunkkarosse zu besteigen, war sie geblendet von dem Schauspiel, das sich ihr bot. Der gesamte Hof hatte sich aufgestellt, um sie zu begleiten. Links und rechts neben ihrem Wagen schritten mit weiß gepudertem Haar je zwei

Lakaien, flankiert von acht Leibgardisten hoch zu Pferd. Hinter der Braut fuhren die kaiserliche Familie, die Hofdamen, Kämmerer und Geheimräte, auch sie begleitet von Lakaien und Gardisten. Ein prächtiger Zug zog auf die Innere Stadt zu: mittelalterlich gekleidete Knaben zu Pferd, die Leibgarde in Silberhelmen mit weißem Rosshaarbusch, weißen Hosen und schwarzen Stiefeln, Offiziere der ungarischen Garde, Hoftrompeter zu Pferd, auch die Gardegendarmerie mit ihren Trompetern – ein fast endloser Zug in leuchtenden Farben.

Flirrend zogen die bunten Eindrücke an Elisabeth vorüber, es gelang ihr nicht mehr, Einzelheiten dieses Schauspiels wahrzunehmen. Wie betäubt fuhr sie durch die Stadt, von Musik und Hochrufen einer unbeschreiblichen Menschenmenge begleitet. Der Zug erreichte die neue, nach ihr benannte „Elisabethbrücke", die erst am Tag zuvor fertig geworden war. Dann hinein in die Stadt, während alle Kirchenglocken schlugen, umdröhnt von Kanonenschüssen.

24. April 1854. Der große Tag war gekommen. Auch die Trauung in der berühmten, alten Augustinerkirche war ein prachtvolles Schauspiel. Ein mit Gold geschmückter Baldachin aus weißem Samt wölbte sich über dem Hochaltar. Mit Gold und Silber verziert waren auch das schwere weiße Seidenkleid der Braut und der Überwurf mit der langen Schleppe, die von Pagen und Hofdamen durch die von fünfzehntausend Kerzen erhellte Kirche getragen wurde. Die Gewänder, die Orden, der Schmuck der Damen – alles brillierte und funkelte. Brillanten, Diamanten und Orden blitzten auch am Hals und auf der Brust Elisabeths, deren Haar ein Brautkranz von Myrten und Orangenblüten schmückte.

Ernst und blass, anscheinend ganz in Gedanken versunken und wie verloren in einem Traum schritt die Braut durch die Reihen der Fürsten, Bischöfe, Diplomaten und Minister. Der Kaiser musste sie erst durch einen kleinen Stoß aus ihrer Versunkenheit herausreißen und bewegen, mit ihm vor den Altar zu treten. Mit zitternder Stimme hauchte sie ihr Ja, während Franz Joseph es förmlich hinausjubelte.

Elisabeth fuhr erschrocken zusammen, als nach dem Anstecken der Trauringe plötzlich die Salven der auf dem Josephsplatz aufgestellten Salutgeschütze erdröhnten. Jetzt war sie „Ihre Majestät".

Ganz wie von ferne, in einem Zustand zwischen Wachen und Träumen, hörte sie die Worte des Fürsterzbischofs Othmar von Rauscher, der eine blumige Trauungsrede hielt: „Sie, hohe Prinzessin, die Sie nun Ihren Platz auf dem Thron Österreichs einnehmen sollen, werden in Ihrem Gemahl einen Freund finden, der seine Seele für immer mit der Ihren vereint hat. Sie können ihm Ihr Herz mit Vertrauen auf seine unerschütterliche Liebe öffnen. Vom Bodensee bis zu den Grenzen Siebenbürgens, vom Po bis an den Weichselstrand blicken achtunddreißig Millionen Menschen zu ihm auf und verlangen Schutz und Hilfe von seiner Kraft und Weisheit ..."

Nach der Trauung: Gratulationscour im Zeremoniensaal der Hofburg. Dann wieder ein Familiendiner. Es schien nicht aufhören zu wollen ...

Todmüde sank Elisabeth am späten Abend ins Bett. Sie wollte nichts mehr hören oder sehen. Als Erzherzogin Sophie ihr den Bräutigam zuführte, stellte sie sich schlafend. Franz Joseph hauchte ihr nur einen Kuss über die Wange und verließ dann ihr Gemach auf Zehenspitzen.

Elisabeth hat später ihrer Vertrauten erzählt, dass sie in jenen rauschenden Hochzeitstagen eine seltsame, unerklärliche Vorahnung kommenden Unheils gehabt habe. Beim Aussteigen aus der Hochzeitskutsche war ihr Diadem am Türrahmen hängen geblieben und wäre fast zu Boden gefallen. Und in der Nacht nach der Trauung tobte in Wien ein Sturm, wie ihn die Donaustadt seit langem nicht mehr erlebt hatte. Die Ziegel flogen von den Dächern, die Fensterscheiben

Vermählung von Franz Joseph und Elisabeth in der Augustinerkirche Wien am 24. April 1854

klirrten und in den Straßen brachen die Äste von den Bäumen. Obwohl sie so müde war, lag Elisabeth mit Herzklopfen wach im prächtigen Schlafzimmer des Palastes und fragte sich bang, was dieser Sturm wohl zu bedeuten habe. Sie erinnerte sich an die Geschichten der bayerischen Bauern, wonach ein Sturm in der Hochzeitsnacht ein stürmisches Leben ankündigte.

An den Tag der Märchenhochzeit schloss sich ein Reigen weiterer Feste, Bälle und Empfänge an. Bereits am nächsten Tag um elf Uhr Messe in der Hofburgkapelle, um vier Uhr Diner, abends Beleuchtung der ganzen Stadt. Das Kaiserpaar fuhr im offenen Wagen, lächelnd, winkend. Am Tag darauf großer Empfang der Abgesandten aus den Kronländern – und jedes Mal musste Elisabeth sich umziehen und die jeweilige Landestracht anlegen. Am schönsten fand Franz Joseph seine Sisi in der ungarischen Tracht: schwarzes Mieder, kurzes Röckchen, Stiefel. Und wieder um drei Uhr ein großartiges Diner im Zeremoniensaal, die Kaiserin in großer Gala, die Damen dekolletiert mit großem Schmuck, die Herren mit allen Orden. Hundertsechzig Gedecke waren aufgelegt worden. Dann wieder Cercle, was sollte sie nur mit den vielen unbekannten Menschen sprechen, Elisabeth erfasste ein Schwindel. Nicht einmal am Abend kam sie zur Ruhe: Opernabend im Kärntnertortheater. Eine kleine Pause im Zwischenakt, in der Hofloge und den anderen Logen wurde „Zuckerbäckerei" vom Hofzuckerbäcker serviert.

Wie ein großes Karussell drehten sich die Feste und Feiern, bis es Elisabeth zu viel wurde und sie um eine Pause bat. Am 27. April musste der Kaiser die stundenlangen Audienzen allein durchstehen. Doch am Abend stand schon wieder ein großer Hofball auf dem Programm.

Ein Fest allerdings war ganz nach Elisabeths Geschmack: Zwei Tage später fuhr sie im offenen Wagen zu einem Frühlingsfest, das die Stadt Wien ihr zu Ehren im Prater veranstaltete. Begeistert schaute sie den Vorführungen im Zirkus Renz zu. Direktor Renz war ein berühmter Kunstreiter, er zeigte seine gesamte in mittelalterliche Tracht gekleidete Zirkustruppe und sechzig wunderbare Pferde verschiedener Rassen. Mit zwölf Rappen und zwölf Schimmeln ritt er eine Quadrille, zum Schluss führte er auf einem herrlichen Araberhengst die hohe Schule vor. „Den Mann muss ich kennen lernen", sagte Elisabeth fröhlich applaudierend zu Franz Joseph.

KAPITEL 6

Die ersten Jahre

Ich bin verliebt wie ein Leutnant und glücklich wie ein Gott", schrieb Franz Joseph kurz nach der Hochzeit berauscht seinem besten Freund, Prinz Albert von Sachsen.

Anfang Mai fuhr das Kaiserpaar auf der schnurgeraden, von mächtigen Kastanienbäumen beschatteten Alleestraße hinaus nach Laxenburg, einem romantischen Lustschloss. Franz Joseph hatte Elisabeth viel von dessen idyllischer Lage vorgeschwärmt: von dem berühmten, oft gemalten „violetten" Wald, den fünfzig den Park geheimnisvoll durchziehenden Kanälen. Doch Laxenburg kam Elisabeth düster vor, es regnete viel, der Mai war kühl. Dies waren ganz und gar nicht die verliebten Flitterwochen, die sie sich vorgestellt hatte. Und sie war so selten mit Franz Joseph allein: Der Kaiser verabschiedete sich jeden Tag in frühester Morgenstunde mit einem Kuss von seiner Frau, um zum Regieren nach Wien zu fahren. Tagsüber war Elisabeth allein und langweilte sich; erst gegen Abend kehrte Franz Joseph zum Diner zurück.

Die Kaiserin durchschweifte den weitläufigen Park, freute sich an den Ponys, die der Kaiser ihr gekauft hatte. Doch was sollte dies alles, wenn sie sich so einsam fühlte? Ihrer Obersthofmeisterin ging sie so oft wie möglich aus dem Weg. Franz Josephs Adjutant Baron Weckbecker sagte von ihr: „Einerseits behandelte sie die junge Kaiserin zu gouvernantenmäßig, andererseits erblickte sie eine ihrer Hauptaufgaben darin, die angehende Herrscherin in allen möglichen Familienklatsch der Hocharistokratie einzuweihen", was Elisabeth tödlich langweilte.

Die Gegenwart anderer Menschen konnte Elisabeth überhaupt nur schwer ertragen; zu ihrer Hofdame Paula Bellegarde meinte sie: „Sie sind mir sehr angenehm, nur mag ich es nicht leiden, wenn man mir überallhin pflichtgemäß folgt." Meist schloss sie sich in ihr Zimmer ein. Sie fühlte sich verlassen und litt an Heimweh. Man sah sie oft mit verweinten Augen. Sie hatte Sehnsucht nach Possenhofen, nach ihrer vertrauten Umgebung, ihrer Familie. Nicht ein Kammermädchen hatte sie aus ihrer Heimat mitnehmen dürfen, es waren alles nur fremde Menschen um sie herum. Und die Gesellschaft ihrer Schwiegermutter, die oft aus Schönbrunn herüberfuhr, empfand sie alles andere als angenehm.

Ziemlich harmlos, fast komisch waren die Ereignisse, die bereits in den ersten Monaten der Ehe das Missfallen der strengen Kaisermutter erregten. Zwar waren bereits anderthalb Jahrhunderte verstrichen, seit die Habsburger ihre spanischen Besitzungen verloren hatten. Aber das spanische Hofzeremoniell, welches das Leben an den Höfen in Madrid und Wien bis ins kleinste Detail regelte, war nach wie vor gültig. Wie Automaten hatten sich die Menschen am Hof nach den Vorschriften der spanischen Etikette zu richten. Und die strengste Zeremonienmeisterin, die in der Hofburg seit langem regierte, war bestimmt Erzherzogin Sophie.

Sie war entsetzt über das Verhalten, das Elisabeth, unbekümmert und naiv, wie sie war, an den Tag legte. So wollte die junge Kaiserin zum Beispiel beim Diner ihre Handschuhe ausziehen. Auf einen Wink der Erzherzogin eilte eine Hofdame zu ihr und flüsterte ihr zu: „Majestät dürfen das nicht tun."

„Warum nicht?", fragte Elisabeth verblüfft.

„Die Kaiserin darf nur mit Handschuhen speisen. So verlangt es die Regel."

„Von nun an wird dies die Regel sein", erklärte die Kaiserin und zog seelenruhig die Handschuhe aus.

In Bayern hatte Elisabeth zum Mittagessen stets ein Glas Bier getrunken. Als sie auch in der Hofburg nach diesem Getränk verlangte, erhielt sie den Bescheid: „Die Kaiserin von Österreich darf kein Bier trinken, nach der Etikette hat sie Wein zu trinken." Doch Elisabeth ließ sich, sehr zum Missfallen ihrer Schwiegermutter, ungerührt das Nationalgetränk ihrer Heimat kommen.

Immer wieder erregte sich Sophie über das ungeschliffene Benehmen ihrer Schwiegertochter. „Perle von Possenhofen", tuschelten boshafte Hofdamen, die im Auftrag der Erzherzogin jeder Bewegung der Kaiserin hinterherspionierten. Sogar bei den Dienstboten eckte Elisabeth an. Diese fanden es selbstverständlich, dass eine Kaiserin jeden Tag ein Paar neue Schuhe trug. Elisabeth aber fragte erstaunt, wer ihr denn immer ihre Schuhe verstecke; kaum haben sich ihre Füße an ein Paar gewöhnt, so sei es schon verschwunden. Sie musste sich von den Hofdamen belehren lassen, es sei im Hause Habsburg seit langem Brauch, dass die Kaiserin ihre Schuhe nach eintägigem Gebrauch den Dienerinnen schenke.

Dagegen hatte die großzügige Kaiserin nicht viel einzuwenden. Mehr als lästig empfand sie es jedoch, dass sie jeden Morgen zu einem steifen Familienfrühstück erscheinen sollte. Wenigstens am Morgen wollte sie ihren Franz, der den ganzen Tag über bei seinen Akten saß, für sich allein haben. Mit Tränen in den Augen bat sie um das Frühstück zu zweit – vergeblich.

Die Erzherzogin, die sich vorgenommen hatte, Elisabeth zu einer perfekten Kaiserin zu erziehen, machte ihrer jungen Schwiegertochter mit ständigen Belehrungen und penetranten Ermahnungen das Leben zur Hölle. Gewiss meinte sie es gut, aber Elisabeth fand es furchtbar, so unter Zwang zu stehen. Sie konnte sich nicht damit abfinden, in diesen prächtigen Schlössern eingesperrt zu sein, bespitzelt, intrigiert, hin und her geschoben zu werden. Enttäuscht vertraute sie nur zwei Wochen nach der Hochzeit ihrem Tagebuch an:

> Ich bin erwacht in einem Kerker,
> Und Fesseln sind an meiner Hand.
> Und meine Sehnsucht immer stärker –
> Und Freiheit! Du, mir abgewandt!

> Ich bin erwacht aus einem Rausche,
> Der meinen Geist gefangen hielt,
> Und fluche furchtlos diesem Tausche,
> Bei dem ich, Freiheit, dich – verspielt!

Wie ein Vogel, den man in einem goldenen Käfig gefangen hält, kam Elisabeth sich vor. Sie fand die Tage in Laxenburg eintönig und leer, schlug hier nur die Zeit tot. Wenn sie doch Franz Joseph nach Wien begleiten könnte! Empört wies die Erzherzogin ihren Vorschlag zurück. Unmöglich! Was sie sich nur immer denkt!

So musste sich Elisabeth ihre Zeit, so gut es ging, vertreiben. Sie spielte mit Tieren, ritt aus, las viel. Ansonsten war ihr Tagesablauf penibel geregelt. Das Zeremoniell hatte für jede Tageszeit eine präzise Vorschrift parat, erst recht für die Feierlichkeiten, Besuche fremder Fürsten, Bälle, Empfänge, Hochzeiten – für jeden Fall war eine besondere Verordnung vorgesehen.

Nur selten gab es eine Abwechslung, einen Ausflug mit Franz Joseph, über den Elisabeth sich freute wie ein Kind. Einmal stiegen sie im Jagdschlösschen Neuberg ab. Die Jagd war Franz Josephs Hobby, die einzige Gelegenheit, bei der er ausspannen und sich erholen konnte. Und hier in Neuberg entspannte sich auch Elisabeth: Die starre Etikette war gelockert, und inmitten von Wäldern, Wiesen, Dörfern empfand die Kaiserin wieder, wie eng ihre Verbundenheit mit der Natur war. Im ersten Morgengrauen gingen die Herren auf die Pirsch und kehrten am frühen Nachmittag wieder zurück, sodass sie ihren Franz dann für sich hatte – wenn nicht ein Kurier aus Wien ein Paket Akten zur Bearbeitung gebracht hatte.

Es war Elisabeth zu verdanken, dass das Kaiserpaar im Volk beliebt wurde. Sie gewann der Habsburgermonarchie mehr Herzen als der Kaiser mit seinen glänzendsten Paraden und feierlichsten Reden. Gleich nach der Hochzeit erließ der Kaiser eine Amnestie, die Tausenden von aus politischen Gründen Verurteilten die Freiheit wiederschenkte. Alle Prozesse wegen Majestätsbeleidigung oder Störung der öffentlichen Ruhe wurden beendet, die Verhafteten auf freien Fuß gesetzt. Der Belagerungszustand in Ungarn und Galizien wurde endlich aufgehoben.

Ein Aufatmen ging durch die Bevölkerung, und man erzählte sich, dass der Kaiser sich immer mehr von dem Einfluss seiner strengen Mutter frei mache und an der Seite seiner schönen Frau zugänglicher und menschenfreundlicher werde. Bei den Reisen durch Mähren, Böhmen und die Alpen, die Franz Joseph mit Elisabeth unternahm, sah er sich nicht mehr verbittertem Schweigen gegenüber wie früher in Wien, sondern jubelnden Menschen.

Die Reise nach Böhmen und Mähren bedeutete für Sisi einen Aufbruch in eine andere Welt, die ihr ohne die düstere Hofburg, die Obersthofmeisterin und die Schwiegermutter heller und freundlicher vorkam. Überall, in Dörfern, Städten und auf den zahlreichen Schlössern des Adels wurde die schöne junge Kaiserin bewundert und gefeiert. Und Elisabeth wiederum ließ sich von den farbigen Trachten, der Spontaneität, Natürlichkeit und Musikalität der Bevölkerung verzaubern.

Nur ungern und mit schwerem Herzen kehrten Franz
Joseph und Elisabeth von solchen Reisen durch die schönen
Landschaften des Kaiserreiches in die prunkvollen Gemächer
ihrer Wiener Schlösser zurück. Stolz blickte der Kaiser seiner
Frau nach, wenn sie wie schwebend durch die mit Teppichen,
Spiegeln und Bildern aus vielen Jahrhunderten geschmück-
ten Palasträume ging.

Zweifellos, diese Frau war die schönste, die je die Krone
des Hauses Habsburg getragen hatte. Ihre feingliedrigen
Hände und Füße, ihre weiße, fast durchsichtige Haut, ihre
träumerischen Augen, die tief und unergründlich schimmer-
ten wie ein Bergsee, vor allem ihr in goldenem Braun leuch-
tendes, weiches Haar entzückten den Kaiser immer wieder.

Elisabeth hat niemals, auch nicht zu ihren vertrautesten
Freundinnen, über die heiklen Erlebnisse ihrer ersten Ehe-
zeit mit Franz Joseph geplaudert, die es zweifellos gegeben
hat. Und sie hat die wichtigste Pflicht erfüllt, die eine Kaiserin neben dem Repräsentieren hat: Elisabeth schenkte ihrem
Franz Joseph bereits in den ersten zwei Jahren ihrer Ehe zwei
Kinder.

Sie war alles andere als erfreut über die Schwangerschaft,
die nicht nur ihre geliebte Bewegungsfreiheit einschränkte,
sondern auch ihre Figur ruinieren würde, wie sie befürchtete. Sie empfand sie fast als eine ihr persönlich vom Schicksal
auferlegte Beleidigung und hätte sich am liebsten vor aller
Welt, ihren Mann nicht ausgenommen, versteckt. Doch
Sophie forderte sie unverhohlen auf, möglichst oft im Park
spazieren zu gehen, sich dort zu „produzieren" und dem Volk
zu demonstrieren, dass sie guter Hoffnung war. Elisabeth war
empört, sie brach in Tränen aus und lief aus dem Zimmer.

Franz Joseph fühlte sich hilflos in diesem Kleinkrieg zwischen seiner Mutter und seiner Gemahlin. Statt bei Sisi Trost
zu finden und seine Regierungssorgen vergessen zu können,

Das junge Kaiserpaar mit der erstgeborenen Tochter Sophie

musste er ihre Tränen trocknen und sich den Ärger der beiden Frauen anhören. Erleichtert atmete Elisabeth auf, als Franz Joseph ihr in Aussicht stellte, den Sommer in Ischl zu verbringen. Dort würde sie auch endlich ihre Familie wieder sehen. Also wurden die Koffer gepackt und Reisepläne geschmiedet. In Ischl hatte die Erzherzogin, die auch eine mütterlich gute Fee sein konnte, eine Villa gekauft und sie dem jungen Paar geschenkt. Zwei Flügel wurden angebaut (sodass das Gebäude die Form eines „E" wie Elisabeth bekam); jetzt bildete das Haus mit dem herrlichen Park die berühmte Kaiservilla, für fast sechzig Jahre, also bis zum

Ersten Weltkrieg, die Sommerresidenz der kaiserlichen Familie.

Im Herbst und Winter herrschte in der Wiener Hofburg dann eine Art Waffenstillstand zwischen Elisabeth und Sophie. Und am 5. März 1855 schenkte die Kaiserin einem Kind das Leben, es war aber „nur eine Tochter" und nicht der ersehnte Thronfolger. Franz Joseph freute sich trotzdem sehr, und Elisabeth, die sich im Spiegel betrachtete, konnte aufatmend feststellen, dass ihre Figur schlank wie früher war, dass ihre Schönheit keineswegs gelitten hatte. Im Gegenteil: Ihre Augen waren noch unergründlicher, ihr Teint noch leuchtender geworden.

Der Streit mit der Schwiegermutter aber entbrannte heftiger denn je. Getauft wurde die kleine Tochter auf den Namen der Patin, der Erzherzogin Sophie, ohne dass Elisabeth überhaupt nur gefragt worden war. Ja, man nahm der jungen, unerfahrenen Mutter das Kind einfach weg; es wurde in die „Kindskammer" neben Sophies Schlafzimmer gebracht. Wenn sie die Kleine sehen wollte, musste Elisabeth sich anmelden, und die Stunde des Besuches wurde ihr vorgeschrieben. Die Amme, die Kinderfrau, alle waren von Sophie ausgewählt und engagiert worden; Elisabeth hatte dabei kein Wörtchen mitzureden. Sie durfte nicht einmal die Wiege schaukeln oder ihr Kind auf den Arm nehmen und es herzen.

Am 15. Juli 1856 gebar die Kaiserin wieder eine Tochter, die den Namen Gisela erhielt. Wieder war es nicht der erhoffte Kronprinz, alle waren enttäuscht, und Franz Joseph musste seine Frau trösten. Nun würde sie das „traurige Geschäft", wie sie es nannte, zum dritten Mal durchmachen müssen. Auch Gisela wurde in die Kindskammer gebracht, doch Elisabeth kämpfte jetzt – zunehmend selbstbewusster werdend – um mehr Einfluss auf die Erziehung ihrer Kinder.

Nachdem sie sich erholt hatte, gab es endlich eine Abwechslung im eintönigen Leben von Laxenburg und

Schönbrunn: Elisabeth durfte Franz Joseph auf einer Visite nach Kärnten und in die Steiermark begleiten. Wie zwei Verschwörer waren sie entwischt. Sophie bekam einen Brief, in dem Franz Joseph seine Mutter aufforderte, die Kinder jetzt ein Stockwerk tiefer im so genannten Radetzky-Appartement unterzubringen, damit sie Elisabeth näher seien. Die Erzherzogin tobte ... vergeblich.

Von dem Bergkind Sisi ließ Franz Joseph sich sogar zum Bergsteigen verlocken. Es war für Elisabeth ein großes Erlebnis, von Heiligenblut in die Gletscherwelt Österreichs aufzubrechen. Der Aufstieg auf den Großglockner war damals nur in Begleitung von erfahrenen Bergführern möglich. Elisabeth genoss dieses Erlebnis in der großartigen Natur und die Freiheit des Zusammenseins nur mit ihrem Mann in vollen Zügen. Welch ein Glück, weit weg von Wien zu sein und in den Bergen herumklettern zu können! An einem steilen Abhang in achtzehnhundert Meter Höhe machten sie Rast, und Franz Joseph pflückte ihr einen Strauß Edelweiß. „Dies sind die ersten Edelweiß, die ich in meinem Leben gepflückt habe", sagte der Kaiser und lächelte dabei so glücklich wie ein Almhirte, der seinem Schatz einen Strauß in die Hand drückt.

Besichtigungsreisen, Paraden, Bälle, Empfänge – das war der offizielle Teil in Elisabeths Leben. „Die erste Pflicht einer Kaiserin ist es, zu repräsentieren, selbst bei den langweiligsten und langwierigsten Zeremonien eine gute Figur zu machen." Dies hatte ihr Ludovika, ihre Mutter, immer wieder eingeschärft. In den ersten Jahren ihrer Ehe zeigte Elisabeth den besten Willen, die offiziellen Pflichten so reibungslos wie möglich abzuwickeln. Die Wiener waren anfangs recht begeistert über ihre Herrscherin, die wundervoll lächelte und sich mit unnachahmlicher Grazie bewegte. Nur die, welche in der nächsten Umgebung der Kaiserin lebten, wussten, dass dieses Lächeln oft nur aufgesetzt war.

KAPITEL 7

In Italien und Ungarn

Die Idee, mit der Schönheit der Kaiserin nach den Böhmen auch die anderen Völker seines Reiches für Franz Joseph zu gewinnen, war zu verlockend und wurde bald in die Tat umgesetzt.

Die nächste Reise sollte nach Venedig und Mailand gehen. Der Geheimpolizei, die für die Sicherheit des Kaiserpaares in Italien zu sorgen hatte, verursachten die Reisepläne ebenso viel Kopfzerbrechen wie Franz Joseph, der um das Leben seiner jungen Frau mehr Angst hatte als um sein eigenes. Wenn in einem österreichischen Kronland Attentate zu befürchten waren, dann in Lombardo-Venetien, wo sechs Jahre lang, von 1848 bis 1854, der österreichische Belagerungszustand geherrscht hatte.

Ebenso streng wie unklug hatten die Generäle und Militärgouverneure des Kaisers in den italienischen Provinzen gehaust. Tausende von Italienern, die sich nicht unter die habsburgische Herrschaft beugen wollten, waren verhaftet worden. Der Bevölkerung wurden hohe Strafgelder auferlegt und das Vermögen von fast tausend adligen Familien eingezogen. Wenn an einzelnen Orten die Aufstände wieder aufflackerten, ließ General Radetzky Hunderte Menschen öffentlich hinrichten, um die Italiener zu warnen und abzuschrecken. Bajonette und Exekutionsgewehre hatten das Regiment übernommen.

Der Chef der Geheimpolizei schüttelte sorgenvoll den

Kopf, wenn er daran dachte, wie vielen Gefahren sich das Kaiserpaar bei dieser geplanten Reise aussetzte. Franz Joseph wusste, in welche Gefahr er sich begab, und wies die Geheimpolizisten an, seine Elisabeth nicht aus den Augen zu lassen. Die Kaiserin hatte, wenn überhaupt, nur eine ungefähre Vorstellung, was sie in Italien erwartete.

Die Reise sollte mehrere Monate dauern, schien aber von Anfang an unter einem ungünstigen Stern zu stehen: Schon in Triest wurde das junge, strahlende Kaiserpaar, das Ende November 1856 in die fahnengeschmückte Stadt einfuhr, in deren Fenstern überall das Bild der schönen Elisabeth stand, mit verbissenem Schweigen empfangen. Ohne sich zu rühren, harrte die Menge in den Straßen, und nur dort, wo österreichische Soldaten Spalier standen, gab es Ovationen und Hochrufe. Elisabeth zeigte sich tapfer, heimlich ergriff sie die Hand Franz Josephs und hielt sie fest.

Alles war sorgfältig geplant, bestens vorbereitet und doch nur Fassade: Empfänge, Paraden, Galadiners, Theater. Und ein fataler Zwischenfall, der dem Kaiserpaar wie ein böses Zeichen erschien, raubte noch die letzte Illusion: Franz Joseph und Elisabeth waren gerade zu einer Rundfahrt im Hafen eingetroffen, als auf der geschmückten Staatsgaleere die riesige kristallene Kaiserkrone klirrend von der Decke fiel. Der Bürgermeister, die kaiserliche Begleitung, sogar Generaladjutant Graf Grünne wurden blass. „Sabotage!", tuschelten sie.

Nachdem die Trümmer rasch weggeräumt worden waren, bestieg das Kaiserpaar das Schiff. Elisabeth, im nachtblauen Samtkleid mit Zobelbesatz, reckte den Kopf und lächelte unerschütterlich. Auf der von Fregatten und Korvetten begleiteten Dampfyacht „Elisabetta" überquerte sie mit Franz Joseph die Adria. Ihr Ziel war Venedig. Der berühmte Zauber der Stadt wirkte auf die Kaiserin, als stünde sie im Sternenregen. Mit der prunkvollen antiken Galeere „Galeggiante" glitt das Kaiserpaar rauschend über den Kanal nach San Marco.

Und Unheil schien auch das düstere Schweigen zu bedeuten, mit dem die Venezianer Franz Joseph und Elisabeth bei ihrer Ankunft in der Lagunenstadt empfingen. Die Menge, die sich vor der Markuskirche versammelt hatte, schwieg ebenso beharrlich wie früher die Wiener, wenn der Kaiser an der Spitze seiner Offizierskavalkade durch die Straßen geritten war. Nicht ohne Schadenfreude berichtete der englische Generalkonsul: „Das einzige Gefühl des Volkes war nur Neugier, die Kaiserin zu sehen, deren Ruf, bezaubernd schön zu sein, natürlich auch bis hierher gedrungen ist."

Wieder waren es nur die aufgestellten österreichischen Truppen, die vereinzelte Hochrufe ausbrachten. Aber Elisabeth wurde entschädigt durch die kleine Sophie, die mit der Obersthofmeisterin nach Venedig vorausgefahren war und ihre Mutter sehnsüchtig erwartete.

Steif und traurig verlief der Empfang, den Franz Joseph für den Adel der Stadt im kaiserlichen Palast veranstaltete. Kaum ein Viertel der Eingeladenen war erschienen, und auch die mussten sich den Weg durch eine drohende, schimpfende Menge bahnen, die sich vor den Türen des Palastes geschart hatte. Festgottesdienst in San Marco, Illumination über dem Canal Grande, Platzkonzerte, ein prächtig prasselndes Feuerwerk – nichts vermochte die Stimmung umzukehren.

Elisabeth spürte sehr genau, dass etwas geschehen musste. Sie hatte das Elend in den Augen der Frauen gesehen, die versteckte Armut auf den Straßen. Und das Verhalten des Adels wie des Volkes sprach eine allzu deutliche Sprache. Sie beschwor Franz Joseph, das verlorene Vertrauen wiederherzustellen, sich versöhnungsbereit zu zeigen. Eifrig versuchte sie, den Kaiser zum beschleunigten Erlass von Gnadenakten für verhaftete Venezianer zu bewegen.

Schließlich gab Franz Joseph ihrem Drängen nach. Wenige Tage später erschien die Bekanntmachung, dass die Strafen für politische Gefangene aufgehoben und der Besitz politischer Flüchtlinge freigegeben würden. Wie ein Lauffeuer sprach es sich in Venedig herum, dass die Kaiserin ihrem Gemahl diese Zugeständnisse abgerungen habe. Als das Kaiserpaar einen Abend später in der Loge des Theaters erschien, waren zum ersten Mal lauter Beifall und italienische Jubelrufe zu hören. Neugierig und bewundernd zugleich schauten die venezianischen Kavaliere zu der Frau empor, die verlegen errötend den Blick senkte.

In Venedig war die Stimmung deutlich besser geworden. Franz Josephs Unermüdlichkeit, mit der er Besuche machte, die Höflichkeit, mit der er Bittschreiben entgegennahm und keine Mühe scheute, sich von den Zuständen mit eigenen Augen zu überzeugen, machte sichtlich Eindruck. Den Venezianern imponierte, dass sich das Kaiserpaar ungezwungen und ohne – sichtbare – Begleitung in der Stadt bewegte. Weihnachten und Neujahr wurden in Venedig gefeiert, zum ersten Mal war die kleine Familie – Vater, Mutter und Kind – unter sich. Es waren schöne Tage, an die Elisabeth später oft noch gern zurückdachte.

Dann ging die Reise weiter – über Vicenza, Verona, Brescia nach Mailand, wo es prompt wieder Schwierigkeiten gab. Denn auch in Mailand traf das Kaiserpaar zunächst auf eine düstere Stimmung. Bereits zu den Hofkonzerten erschien noch nicht einmal ein Zehntel der eingeladenen Damen. Keine Hand hob sich zum Beifall, als das Kaiserpaar in der Scala, dem Opernhaus, auftauchte. Die Logen waren zwar besetzt, aber die Theaterbesucher trugen Schwarz. Manche Adligen hatten sogar nur ihre Diener geschickt.

Franz Joseph war entrüstet. Und wieder war es Elisabeth, die ihm zu mehr Klugheit riet. Die mitreisenden Damen des kaiserlichen Hofes waren gar nicht einverstanden, dass die Kaiserin bei Franz Joseph wieder die Begnadigung aller aus politischen Gründen Verurteilten durchsetzte. Die Oberst-hofmeisterin Gräfin Esterházy schrieb der Mutter des Kaisers empört, Elisabeth mache sich jetzt gemein mit Aufsässigen und ruiniere das Ansehen des Kaiserhauses, indem sie für den Straßenpöbel Partei ergreife.

Mit unverhohlenem Stolz sagte Franz Joseph am Schluss des Aufenthalts zu Elisabeth: „Dein Liebreiz hat mehr dazu beigetragen, dieses Volk zu erobern, als dies alle meine Armeen mit ihren Bajonetten und Kanonen vermocht haben."

Insgesamt konnte Franz Joseph die mehrmonatige Reise nach Italien als Erfolg verbuchen. Daher fühlte er sich ermutigt, wenige Monate nach der Italienfahrt mit Elisabeth eine Reise zu unternehmen, die nicht weniger gefährlich war. Sie besuchten das Land, das am meisten unter der Herrschaft der Habsburger gelitten hatte: Ungarn.

Der Aufstand der Ungarn, der kurz nach der Krönung Franz Josephs ausbrach, war der erste große Krieg gewesen, den der junge Kaiser auszufechten hatte. Mit Unterstützung der Truppen des russischen Zaren wurden die Ungarn schließlich besiegt. Und grausam war das Gericht, das diesem Sieg folgte: Dreizehn Generäle und Hunderte von weiteren Personen wurden gehenkt und erschossen, Tausende zu Zwangsarbeit verurteilt. Vergeblich ermahnte sogar der Zar, Milde zu üben. Franz Joseph erwiderte ihm, seine persönlichen Gefühle legten dies vielleicht nahe, aber es sei seine heilige Pflicht, schonungslose Strenge herrschen zu lassen.

Die Reise nach Ungarn war also keinesfalls weniger problematisch als die Visite in Italien. Doch Elisabeth freute sich sehr darauf, vergaß ganz die Gefahren, die ihr dort drohten. Sie fühlte sich zu Ungarn hingezogen, wollte endlich dieses freiheitsliebende Volk kennen lernen, von dem ihr früherer Lehrer Graf Johann Majláth ihr in glühenden Farben erzählt hatte. Und sie wollte ihre Kinder mitnehmen; Erzherzogin

Sophie und der Arzt Dr. Seeburger protestierten heftig, doch diesmal nutzte es ihnen nichts. Anfang Mai begann die Reise auf dem Donauschiff bis Preßburg, wo das Kaiserpaar und die engste Begleitung schon ungarische Kleidung anlegten.

Es war ganz ähnlich wie in Italien. Obwohl auch diesmal keine Mühe gescheut worden war, um Franz Joseph und Elisabeth einen glanzvollen Empfang zu bereiten – das Misstrauen saß tief. Viele Adlige hatten sich ostentativ auf ihre Landgüter zurückgezogen. Doch Elisabeth eilte der Ruf voraus, der ungarischen Sache, der Wiederherstellung ihrer Freiheiten und Vorrechte, aufgeschlossen gegenüberzustehen. Und schon damals sprach sie besser Ungarisch als vor einem Jahr Italienisch, was die Ungarn natürlich aufmerksam registrierten.

Ein großartiges Feuerwerk prasselte am Himmel, als das Kaiserpaar mit seiner zahlreichen Begleitung in Pest (damals waren die beiden Städte Buda und Pest noch getrennt) eintraf. Franz Joseph sah einfach blendend aus, wie er neben der gläsernen Kutsche ritt, in der Elisabeth in ungarischer Tracht zwischen ihren beiden Töchterchen saß. Das Gefunkel der Raketen und der Lichterglanz der illuminierten Gebäude gaben ein aufregendes Leucht- und Farbenspiel, gegen welches das tote, schwarz verhängte Gebäude des Adelsclubs, in dessen Fenstern nur einige verlorene Kerzen brannten, eine trostlose Atmosphäre erzeugen sollte.

Erst nachdem der Kaiser wiederum auf Elisabeths Anregung Gnadenerlasse für die politischen Häftlinge herausgegeben und die Kaiserin sich dem Adel und Volk gezeigt hatte, taute die höfliche Kühle dieses Staatsbesuches allmählich auf. Unvergesslich blieb den Ungarn die Kaiserin, die ihnen hoch zu Pferde zulächelte. Elisabeths Schönheit siegte über alle Bedenken.

Seit den unbeschwerten Unterrichtsstunden mit Graf Majláth war Elisabeths Interesse an Ungarn ungebrochen. Sie begeisterte sich für die Vitalität dieses Volkes, war überrascht über die Kunst des einfachsten Kutschers, mit Pferden umzugehen, bewunderte die rassigen Pferde, die hinreißende Zigeunermusik. Sie hätte gern auch Csárdás tanzen gelernt, doch Franz Joseph blieb hart: Eine Kaiserin darf beim Tanzen nur zuschauen.

Die Freude, die sich auf ihrem Gesicht spiegelte, fand ihren Widerschein auch bei den Ungarn. Die Hochrufe „Eljén Erzsébet", die feurigen, galanten Komplimente klangen aufrichtig und entzückten Elisabeths romantische Seele.

Schnell sprach es sich herum, dass diese Frau die Ungarn ebenso liebte wie die weite Puszta, die Pferde, die Volkstänze, vor allem aber die ungarische Poesie und Sprache. Bald war Elisabeth, die in der Ofener Burg residierte, die populärste Frau in Pest. Ungarns größter Dichter, Maurus Jokai, berichtete begeistert über seine Begegnung mit der Gemahlin des gefürchteten Kaisers: „Elisabeth sprach unsere Sprache ohne jede Spur von fremdem Akzent, nicht so affektiert wie die meisten Damen unserer Aristokratie. Noch klingen mir die silberhellen Töne ihrer Stimme im Ohr."

Die Liebe zu den ihr in vielen Dingen verwandten Ungarn sollte eine der größten Leidenschaften im Leben der Kaiserin werden. Mit Tränen in den Augen erklärte sie dem ungarischen Geschichtsschreiber Horvath, den sie sofort nach seiner Rückkehr aus dem Exil zu sich bat: „Glauben Sie mir! Wenn es in meines Gemahls oder meiner Macht stünde, würden wir die Ersten sein, die jene Männer wieder ins Leben zurückriefen, die in jener unglücklichen Zeit verurteilt und hingerichtet worden sind."

Über die Hortobágy, die Puszta, vorbei an Tausenden weißer duftender Akazienbäume ging es nach Süden; die Kinder, die nicht sehr munter waren, blieben unter der Obhut von Dr. Seeburger in der Ofener Burg zurück. Das Kaiserpaar fuhr durch eine wildschöne Landschaft, durch breit angelegte Dörfer ohne sichtbare Straßen und mit niedrigen Häusern. Doch in Debreczin erhielt das Kaiserpaar ein dringendes Telegramm: Die kleine Sophie war ernstlich erkrankt. Noch in Pest war Elisabeth beruhigt worden, das Fieber komme nur von einer harmlosen Erkältung; nun war die Temperatur gestiegen und der Arzt am Ende seiner Weisheit. Sofort wurde die Reise abgebrochen, doch als Franz Joseph und Elisabeth nach Pest zurückkamen, lag das Kind schon im Sterben. Der Tod trat jedoch erst nach zwölf Tagen ein.

„Unsere Kleine ist ein Engel im Himmel, wir sind vernichtet", teilte Franz Joseph seinen Eltern in einem Telegramm mit. Das Kaiserpaar kehrte mit einem kleinen Sarg nach Wien und Laxenburg zurück. Franz Joseph setzte die Ungarnreise nach der Beisetzung seiner kleinen Tochter in der Kapuzinergruft allein fort.

Elisabeth gab sich hemmungslos ihrem Schmerz hin. Niemand konnte sie trösten. Sie machte sich die bittersten Vorwürfe, dass sie alle Mahnungen in den Wind geschlagen und das zarte Kind der anstrengenden Reise ausgesetzt hatte. Wochenlang sah man die Kaiserin nur mit blassem, verweintem Gesicht. Jeden Tag fuhr sie in einer geschlossenen Kutsche von Laxenburg zum Kapuzinerkloster am Neuen Markt, um am Sarg ihres Kindes zu beten.

KAPITEL 8

Hofleben

Elisabeth, die das freie Leben in der Natur gewohnt war, fühlte sich in den riesigen Palästen Wiens nicht besonders wohl. Vor allem die abgestandene Luft formellen Lebens in der Hofburg hasste sie. Ein mächtiger Palast mit vielen Höfen und unzähligen Treppen, den Lärm der Stadt vornehm abweisend, lag die Burg am westlichen Rand der Inneren Stadt Wiens. In den beiden mächtigen Geschossen befanden sich weite Fluchten von Gemächern, die zumeist für Gäste eingerichtet waren. Teppiche bedeckten den Boden, riesige Kristall-Lüster hingen tief herab, und an den Wänden waren kostbarste Gobelins zu bewundern. Tische und Konsolen mit Florentiner Intarsien, schwere Samtvorhänge und mit Seide bezogene Möbel gaben den Räumen den Ausdruck vornehmer Pracht. Vor der Eingangstür standen zwei Wachsoldaten in mittelalterlichen Uniformen und mit Hellebarden.

Abends flammten Hunderte von Wachskerzen in jedem Lüster auf, die Figuren auf den Gobelins erwachten zum Leben, traten aus dem Hintergrund hervor, und man meinte, sie müssten sich jeden Augenblick bewegen. Wenn das Diner serviert war, meldete dies der Türhüter, die Flügeltüren wurden geöffnet, hell erleuchtet strahlte der Tisch, hinter jedem Stuhl ein Lakai, dahinter Tafeldecker und Leibjäger, die Silberschüsseln zum Servieren bereithaltend. Auserlesene Speisen folgten einander, ausgesuchte Weine aus dem Hofkeller füllten die Karaffen und Gläser.

Die Aus- und Eingänge, alle Tore und Türen waren Tag und Nacht unter der Kontrolle der Burggendarmerie. Jeder Ein- und Ausgang wurde gemeldet. Morgens legte der Burghauptmann dem Generaladjutanten des Kaisers die Liste vor. Für diese Liste zeigte Franz Joseph ein reges Interesse und brachte durch unerwartete Fragen über spätere Ausgänge die jüngeren Erzherzöge oft in Verlegenheit. Um nicht Rede und Antwort stehen zu müssen, galt bei der Jugend die Verabredung, ihre nächtlichen „Spaziergänge" mit Kopfschmerzen zu begründen.

Im inneren Burghof befand sich stets eine Infanteriekompanie mit Fahne auf Wache, und täglich Punkt ein Uhr mittags erfolgte die feierliche Ablösung mit Musik. Ein weltbekanntes Schauspiel von einer absoluten Pünktlichkeit: Wenn die Uhr im Burghof zwei Minuten vor eins zeigte, hörte man die Musik schon näher kommen, und Schlag ein Uhr marschierte die Kompanie unter klingendem Spiel, begleitet von einer neugierigen Menschenmenge, in den Burghof. Die Musik spielte die Kaiserhymne. Und manchmal sah Franz Joseph von seinem gegenüberliegenden Arbeitszimmer auf dieses Schauspiel herab.

Überall – auch bei den Hofbällen – regierte das Zeremoniell. Es waren keine ausgelassenen Feste, sondern so etwas wie geregeltes Amüsement. Die schwierigste Aufgabe des Zeremonienmeisters war die Führung der Damen. Im Einvernehmen mit dem Obersthofmeister, der die besonderen Wünsche des Kaisers einholte, wurde ein genauer Plan entworfen. Es ging alles nach dem Rang der Damen, die dann von den Erzherzögen oder fremden Fürsten geführt wurden. Jeder Herr wurde mit diesem gedruckten Plan davon unterrichtet, welche Dame er zu führen hatte, wo sein Platz war, an welcher Tafel er präsidierte und welche Tischdame beim Souper neben ihm saß. Auch die Tischordnungen wurden auf das Genaueste ausgeführt und in handlichem Format gedruckt.

Im Mittelpunkt eines jeden Balles oder Empfangs stand der „Cercle": Eine lange Reihe prominenter Gäste zog an der Kaiserin vorbei, jeder wurde ihr vorgestellt, zu jedem musste sie ein passendes, freundliches Wort sagen. Elisabeth empfand eine tiefe Abneigung dagegen, „im Geschirr" zu sein, und entfloh dem Zwang des Zeremoniells und der Hofburg, wann immer sie konnte. Dann wurden umständliche Erklärungen abgegeben, die Kaiserin sei „unpässlich" oder „erkrankt".

Sie atmete auf, wenn sie mal ein paar Stunden in der Kutsche durch den Prater oder die Straßen Wiens fahren konnte. Nicht, dass das jederzeit problemlos möglich gewesen wäre! Nur manchmal ließ Franz Joseph sich dazu überreden, sozusagen „inoffiziell" mit seiner Frau auszufahren, ganz unformell, ohne Vorreiter, Lakaien und die übliche Schar dienstbeflissener Geister. Diese rasch improvisierten Ausflüge erregten besonders das Missfallen des Generaladjutanten Grünne, der dann meist keine Zeit hatte, die Geheimpolizisten zur Bewachung des Kaiserpaares zu alarmieren.

Ungestört bummeln zu gehen, sich Schaufenster anzuschauen, einfach durch die Straßen zu flanieren oder ohne Begleitung auszureiten – selbst diese kleinen Freuden waren nicht erlaubt. In Sekundenschnelle sprach es sich herum, als die Kaiserin einmal einen Laden am Kohlmarkt betrat, um ein Paar Handschuhe zu kaufen. Als sie das Geschäft, das ganz in der Nähe der Hofburg lag und in dem sie sich einige Zeit aufgehalten hatte, verlassen wollte, prallte sie erschrocken zurück: Vor der Tür drängten sich Hunderte von Neugierigen, die ihr freundlich zuwinkten. Von hinten rückten immer mehr Menschen nach, sodass die Leute beim besten Willen den Weg nicht freigeben konnten. Die Polizei musste herbeigeholt werden und der Kaiserin Platz in dem beängstigenden Gedränge schaffen.

Erzherzogin Sophie war außer sich, ihr Zorn kannte keine

Kaiserin Elisabeth in großer Gala mit Diamantenschmuck

Grenzen, als ihr dieser Vorfall gemeldet wurde. Was nahm sich dieses Mädchen heraus? Nicht genug, dass sie ihren Sohn verführte, ganz ohne den standesgemäßen Hofstaat durch Wien zu kutschieren, dass sie von ihren Ausflügen sogar schlecht gewaschene Lausbuben in die Hofburg schleppte und sie mit Kuchen verköstigte – jetzt verursachte Elisabeth sogar noch Straßenaufläufe und Krawalle. Erregt stellte sie die Kaiserin zur Rede: „Ihre Majestät glaubt offenbar, Sie befinde sich noch in den bayerischen Bergen. Sie vergisst, was Sie Ihrer Stellung schuldig ist."

Elisabeth war eingeschüchtert. Sie unterließ ihre Spazierfahrten und Einkäufe in den Straßen Wiens und ging nur noch im Park von Schönbrunn und im Burggarten spazieren. Sie fühlte, wie der kalte Hauch der Einsamkeit sie ergriff. Sie schluckte ihre Tränen tapfer hinunter.

Niemandem konnte sie es recht machen. Man nahm ihr übel, dass sie „hohe Schule" reiten lernte, und befand: „Eine Kaiserin ist keine Zirkusreiterin." Naserümpfend nannte man sie in der Umgebung der Erzherzogin „das bayerische Gänschen" oder – ironisch – „die Perle von Possenhofen". Die Vorliebe Elisabeths, mit Tieren, mit Vögeln, Hunden und Pferden zusammen zu sein, fand Sophie ebenso kindisch wie ihre Leidenschaft für Blumen. Auf den Landschlössern der Familie machte Elisabeth zum Ärger ihrer Schwiegermutter stundenlange Spaziergänge, sammelte auf den Wiesen ganze Arme voll Blumen. Bei Reitausflügen sprang sie vom Pferd, um eine besonders schöne Feldblume zu pflücken und ihr Tier damit zu schmücken. Oft sah man sie versunken in Gedanken vor den Blumenvasen stehen, die sie stets in ihren Räumen aufstellte.

Mit den schönsten Blumen schmückte Elisabeth auch den Schreibtisch des Kaisers. Sie konnte in Blumen, die ihr besonders gefielen, geradezu närrisch verliebt sein. Wie ein Kind seine Puppen, trug sie die Blumen den ganzen Tag mit sich

herum, stellte sie neben sich auf den Schreib- oder Speise-
tisch und nahm sie nachts mit ins Schlafzimmer.

Was der Erzherzogin besonders unangenehm aufstieß, war
Elisabeths offensichtlicher Einfluss auf den Kaiser in politischen Fragen. In jeder wichtigen Regierungsstelle, in jedem
österreichischen Land hatte die Erzherzogin ihre „Berichter-
statter", wie man diese oft recht zweifelhaften Agenten und
Spione höflicherweise nannte, von denen Sophie ihre Infor-
mationen erhielt. Über alles wollte sie orientiert sein, um stets
die erste Ratgeberin ihres Sohnes zu bleiben. Zu welchem
Zweck sonst hätte sie es sich so viel Mühe kosten lassen,
Franz Joseph zum Kaiser zu machen? Mit ihm gemeinsam
wollte sie das Haus Habsburg, das so viel an Macht und Ansehen verloren hatte, zu neuem Glanz führen.

Und dann diese seltsamen Berichte aus Böhmen, Italien
und Ungarn. Die Kaiserin, dieses blutjunge, politisch völlig
unerfahrene Geschöpf, soll Franz Joseph zu Gnadenakten
und Verwaltungsreformen angeregt haben, die unbedingt zu
weit gingen. Sophie erfuhr, Elisabeth zeige trotz ihrer gegen-
teiligen Behauptungen ein merkwürdiges Interesse für Politik, lese Geschichtsbücher und verbotene Broschüren ungarischer Revolutionäre. Sie unterhalte sich mit Franz Joseph
öfter über Politik, als sie es zugebe. Diese scheinheilige Person!

Erzherzogin Sophie spürte den Stich, den die Eifersucht in
ihrem Herzen auslöste, schmerzhaft und tief. Sie stellte ihren
Sohn zur Rede. Sie kritisierte an Elisabeth herum. Lautstarke
Auseinandersetzungen und erbitterte Familienkräche vergif-
teten die Atmosphäre im Hause Habsburg. Sophie schien
einen aussichtslosen Kampf zu kämpfen und manchmal
merkte sie, wie die Kräfte sie verließen. Dann raffte sie sich
wieder auf. Es war ein zähes Ringen um Macht und Liebe –
und um das Herz des Kaisers.

KAPITEL 9

Die Zeit
der Schmerzen

Eines vor allem war Elisabeth trotz der Geburt von zwei
Kindern schmerzlich bewusst – ihrer „Pflicht", dem Kaiserhaus einen Thronfolger zu schenken, hatte sie bislang nicht
genügt. Doch sie wollte perfekt sein; ihre Gedanken kreisten
ständig darum, warum es ihr nicht gelang, einen Sohn zu
gebären. Sticheleien der Hofdamen und der Erzherzogin verletzten sie, die Kaiserin befürchtete sogar, wie sie in einem
Brief an ihre Mutter Ludovika gestand, von Franz Joseph ver-
stoßen zu werden.

Wie viele sensible, gut aussehende Frauen war Elisabeth
in ihre eigene Schönheit verliebt und empfand den Zustand
der Schwangerschaft als eine Entstellung. Als sie zum dritten
Mal schwanger war, wurde ihre Hoffnung auf die Geburt
eines Kronprinzen wieder größer. Aber sie fühlte sich auch so
hässlich, dass sie sich am liebsten vor aller Welt in ihren Zimmern eingeschlossen hätte.

Der Erzherzogin fiel diese Zurückgezogenheit Elisabeths
natürlich sofort auf. Wieder forderte sie unumwunden, sich in
der Öffentlichkeit zu zeigen, sich in den Gärten und Parks zu
„produzieren". Der Hof und das Volk sollten wissen, dass die
Kaiserin ein Kind erwartete, und sich auf dieses frohe Ereignis freuen dürfen. „Ich hoffe, du wirst uns diesmal mit einem
Sohn überraschen", bemerkte sie bissig zu ihrer Schwiegertochter.

Mühsam beherrschte sich Elisabeth. Sie fühlte sich schrecklich bei dem Gedanken, aus ihrer Schwangerschaft wieder eine Staatsaktion zu machen, ihren dicken Bauch der Öffentlichkeit zu präsentieren. Die Konflikte am Hof verschärften sich. Und aus Possenhofen erhielt Elisabeth einen mahnenden Brief ihrer Mutter: „Ich weiß, es ist nicht leicht, am Wiener Hof zu leben, da muss man manche bittere Pille herunterschlucken und manche Stunde mit Leuten verbringen, die einem alles andere als angenehm und sympathisch sind. Du, Sisi, besitzt von Natur ausgezeichnete Gaben und hast einen edlen Charakter. Aber eine Fähigkeit fehlt dir: Du bist außerstande, dich auf den Standpunkt deiner Umgebung herabzulassen und dich den Forderungen und Verhältnissen anzupassen. Errege die Aufmerksamkeit und den Neid der Welt nicht dadurch, dass du allzu sehr das Leben einer Heiligen führst."

Erzherzogin Sophie hatte Recht, als sie Elisabeth erklärte, das ganze Volk nehme an ihrem Zustand Anteil. Aus allen Teilen des Reiches liefen in der Hofburg Briefe ein, und in den meisten wurden ihr Mittel empfohlen, die sie anwenden solle, um einen Sohn zu bekommen. Wie peinlich! Elisabeth lächelte unfroh, wenn sie las, sie solle nur das Fleisch männlicher Tiere essen oder möglichst oft den Übungen der Garde zuschauen, damit sie einen starken und gesunden Sohn zur Welt bringe.

Die Schwangerschaften und Geburten ihrer beiden Töchter waren vergleichsweise leicht gewesen, aber ihr drittes Kind auszutragen fiel der Kaiserin schwer. Es waren schwierige Wochen, bis Elisabeth an einem schwülen Augusttag 1858 plötzlich so heftige Wehen überfielen, wie sie es bei den ersten beiden Kindern nicht verspürt hatte. Sie schrie so laut, dass man es durch alle Gemächer des Schlosses schallen hörte. Die Erzherzogin kniete mit Tränen in den Augen vor dem Bett der Schwangeren und betete.

Stunden, harte Stunden vergingen. Die Kaiserin stöhnte und schrie fast ununterbrochen. Die Frauen im Zimmer atmeten auf, als die Hebamme endlich das Kind in den Händen hielt. Es war ein Sohn, es war der ersehnte Thronfolger. Etwas schwach noch und zart, aber mit hübschem Gesicht. Voller Rührung und Freude beugte sich der Kaiser über die Wiege, nahm die Kette vom Goldenen Vlies ab und legte sie seinem Sohn Rudolf behutsam um den Hals. So hatte der Hof den Kaiser noch nie gesehen: Während er die Glückwünsche entgegennahm, standen ihm Tränen in den Augen. Erzherzogin Sophie aber sah das winzige Bündel Mensch, das in der Wiege lag, bereits als Kaiser auf dem Thron Habsburgs sitzen.

Aus Tausenden von Kanonen im ganzen Land donnerten zur Feier der Geburt des Kronprinzen Rudolf einhundertein Schüsse. Eine Welle der Freude ging durch das Land. Doch der Kanonendonner schien wie ein Sinnbild für das blutigste, kriegerischste und verhängnisvollste Jahrzehnt der österreichischen Geschichte im 19. Jahrhundert zu sein.

In Italien war der Wunsch, die Österreicher endlich zu verdrängen, übermächtig geworden. Alle diplomatischen Verhandlungen, alle Drohungen, alle Ultimaten fruchteten nichts: Das österreichische Heer setzte sich in Richtung Süden in Bewegung, um die störrischen Italiener zur Räson zu bringen. Der Kaiser selbst eilte an die Front und nahm von Elisabeth bewegten Abschied. Weinend hing sie an seinem Hals, wollte ihn unbedingt begleiten. Es war nicht leicht, sie von der Unmöglichkeit zu überzeugen. Doch Franz Joseph schüttelte nur immer den Kopf. Nein, ausgeschlossen ... Was würden seine Offiziere sagen, wenn der oberste Kriegsherr seine Frau als Trost mitbrachte!

Noch mehr als der viel beschäftigte Kaiser litt Elisabeth unter der Trennung. Erst jetzt spürte sie, wie einsam und alleingelassen sie in Wirklichkeit war. Es war die erste längere Zeit, die sie ohne ihren Mann auskommen musste. Elisabeth kapselte sich ab, schloss sich in ihren Zimmern ein, ließ sich kaum noch sehen. Sie flüchtete vor den Menschen, wurde scheu und abweisend. Stundenlang verbrachte sie in ihren Gemächern, verbat sich jede Störung, um dann blass und mit verweintem Gesicht vor den kopfschüttelnden Hofdamen zu erscheinen. „Eine Kaiserin hat Haltung zu zeigen, wenn ihr Gemahl im Feld ist", meinte missbilligend die Erzherzogin.

Rührende Briefe schrieb ihr Franz Joseph aus dem Feldzug. „Meine liebste Engels-Sisi. Die ersten Augenblicke nach dem Aufstehen benütze ich, um dir diese wenigen Zeilen zu schreiben" – es wurden dann einige Seiten – „und dir wieder zu sagen, wie sehr ich dich liebe und wie ich mich nach dir und den lieben Kindern sehne. Suche dich auch recht viel zu zerstreuen, um nicht traurig zu sein."

Der Kaiser kannte und fürchtete die Melancholien seiner Frau. Und weil er wusste, wie aufgeregt sie sein konnte, suchte er sie zu beruhigen: „Mir geht es sehr gut ... Wir haben eine sehr glückliche Reise gemacht, ich habe im Waggon richtig gut geschlafen." Aber auch von seinen Sorgen und Nöten schrieb er ihr, teilte ihr seine Beobachtungen und Befürchtungen mit.

Der Krieg war für die Kaiserin etwas Furchtbares und ganz Neues. Auch Elisabeth schrieb ihrem Mann zahlreiche Briefe, berichtete ihm von ihren kleinen Erlebnissen, was den Kaiser sehr berührte: „Heute früh habe ich deine beiden lieben Briefe erhalten, für die ich innigst danke. Ich bin immer so glücklich, doch hat mich deine aus den Briefen ersichtliche traurige Stimmung sehr betrübt."

Um ihrer Melancholie zu entkommen, stürzte sich die Kaiserin in hektische Aktivitäten. Nachts konnte sie nicht schlafen, das Licht brannte stundenlang. Elisabeth wanderte durch ihre Gemächer, schrieb lange Briefe, düstere Gedichte, las Bücher, um ihre Erregung abzuschütteln. Tagsüber trieb sie

Elisabeth um 1861

ihre innere Unruhe immer wieder hinaus, sie unternahm lange Ritte durch Wald und Feld, meist in Begleitung des Stallmeisters Holmes. Sie dachte sich nichts dabei, aber dafür dachten sich andere Damen des Hofes umso mehr bei diesen Ausflügen. Sollte der fesche Stallmeister am Ende ein Liebhaber der Kaiserin sein? Sie lächelten sich beziehungsvoll zu, wenn Elisabeth und ihr Reitpartner gemeinsam das Tor des ländlichen Schlosses Laxenburg verließen. Der Klatsch am Hof wurde auch Franz Joseph zugetragen, der wenig erbaut an seine Frau schrieb: „Wegen deines Reitens habe ich nachgedacht. Mit Holmes allein kann ich dich nicht reiten lassen, denn das schickt sich nicht."

Aber den Kaiser bewegten ganz andere Sorgen. Bei Solferino wurde seine Armee 1859 vernichtend geschlagen. Immer wieder las Elisabeth erschüttert die dramatischen und besorgten Briefe, die er ihr mitten aus den Wirren des Feldzuges schrieb: „So musste ich den Befehl zum Rückzug geben. Ich ritt bei einem fürchterlichen Gewitter. In Villafranca verbrachte ich einen schrecklichen Abend, denn da war eine Konfusion von Verwundeten, Flüchtlingen, Wagen und Pferden. Das ist die traurige Geschichte eines entsetzlichen Tages, an dem viel geleistet worden ist, aber das Glück uns nicht gelächelt hat. Ich bin um viele Erfahrungen reicher geworden und habe das Gefühl eines geschlagenen Generals kennen gelernt. Mein einziger Trost und Lichtstrahl ist jetzt, zu dir, mein Engel, zu kommen. Ich freue mich wahnsinnig auf den herrlichen Augenblick, der mich wieder mit dir, mein Engel, vereinigt. Ganz verzweifelt macht mich die entsetzliche Lebensweise, die du dir angewöhnt hast und die deine Gesundheit ganz zerstören muss. Ich beschwöre dich, gib dieses Leben auf und schlafe bei der Nacht, die ja von Natur zum Schlafen und nicht zum Lesen und Schreiben bestimmt ist. Reite auch gar nicht zu viel und heftig. Meine liebste Engels-Sisi ...“

Die Sorgen des Kaisers um Elisabeths Gesundheit waren

berechtigt. Schon damals begann die Tragödie, Elisabeths wahnsinnige Abmagerungskuren. Sie war zweiundzwanzig Jahre alt und schmal wie ein Grashalm. Immer in der Angst, dick zu werden, schränkte sie das Essen ein. Franz Joseph wurden beunruhigende Nachrichten zugetragen, sodass er schrieb: „Ich ängstige mich so um dich, weil du gar nicht isst und schläfst; ich beschwöre dich, tue beides und erhalte dich mir zulieb recht wohl und kräftig. ... Esse genug, damit du nicht zu sehr abmagerst."

Nachdem offensichtlich geworden war, dass der Krieg Tausende von Verletzten gefordert hatte, begann Elisabeth in Laxenburg ein Spital einzurichten. Sie widmete sich aufopfernd den Verwundeten. Endlich eine erfreuliche Nachricht für Franz Joseph: „Dass du ein Spital eingerichtet hast, ist herrlich. Du bist mein guter Engel und hilfst mir viel."

Aber sie war auch ängstlich um seine Liebe besorgt: „Hast du mich denn ganz vergessen? Liebst du mich denn noch?", schrieb sie dem Kaiser, den ganz andere Sorgen plagten, weil er einen fatalen Waffenstillstand schließen musste, in dem Österreich gezwungen wurde, die schöne Lombardei abzutreten.

Es ging Franz Joseph und Elisabeth wie vielen Liebenden: Ihre Gefühle konnten sie am leidenschaftlichsten ausleben, wenn sie voneinander getrennt waren und die Sehnsucht ihre Liebe beflügelte. Kaum war der Kaiser jedoch nach Wien zurückgekehrt, sollten die Konflikte wieder aufbrechen. Tief erschrocken schloss er seine Elisabeth in die Arme. Wie blass sie aussah, wie nervös ihre Bewegungen waren, wie gehetzt sie sprach. Auf ihrer Stirn zeigte sich eine kleine, scharfe Falte, bläuliche Schatten lagen unter den Augen, ein leicht verbittertes Zucken um den Mund. Vielleicht, dachte Franz Joseph, waren die drei Schwangerschaften innerhalb von vier Jahren etwas zu viel gewesen für den bei aller Kraft und Gesundheit doch recht zarten Körper Elisabeths.

KAPITEL 10

Wohin nur, wohin?

In den nächsten Jahren erlebten die Wiener und die Hofgesellschaft ein dramatisches Schauspiel: eine kaiserliche Ehe, die fast nur noch auf dem Papier bestand. Recht selten, höchstens wenige Monate, lebten Elisabeth und Franz Joseph zusammen. Fast stets hieß es, dass Ihre Majestät die Kaiserin auf Reisen sei, da ihre Gesundheit angegriffen sei. Bald war sie auf Madeira, bald auf der ebenso märchenhaft schönen Adriainsel Korfu, dann in Venedig oder zur Kur in Kissingen. Die Zeitungen meldeten auch, die Kaiserin mache Ausflüge in den bayerischen Bergen, und zwar so ausgedehnte Wanderungen, dass die Hofdamen erschöpft am Wegesrand zurückblieben.

War diese Frau, die so unermüdlich in den Bergen herumkletterte und stundenlang im Sattel saß, wirklich so krank und erholungsbedürftig, wie es nach manchen Berichten der Hofburg den Anschein hatte? Oder versuchten die Bulletins bloß der Öffentlichkeit zu verschleiern, dass die kaiserliche Ehe nicht in Ordnung war? Eigentlich wurde niemals ganz klar, an welcher Krankheit Elisabeth eigentlich litt. War es die Lunge, der Magen oder etwas mit den Nerven? Es hieß, die Kaiserin leide an Melancholie. Aber wer war an der Schwermut schuld, die Elisabeth ergriffen hatte, der Kaiser oder die strenge Erzherzogin, von deren Diktatur in der Hofburg oft recht peinliche Geschichten durchsickerten?

Die Kaiserin verlor in diesen Jahren viel von ihrer Beliebtheit beim Volk. Nur selten sah man sie in der Öffentlichkeit, und bei Hof wusste jeder, dass Elisabeth eine geradezu krankhafte Scheu davor hatte, sich von einer größeren Menge anschauen und bewundern zu lassen. Es war fast schon eine Ausnahme, wenn sie sich öffentlich feiern ließ, an den Hofbällen teilnahm oder zu anderen Anlässen auftrat.

Beim geringsten Husten spielte der Hof verrückt. Elisabeth fühlte sich oft unwohl, und es hatte den Anschein, dass sie sich in ihre Krankheit flüchtete. Doch vor was oder wem lief sie davon? Warum schien sie völlig die Nerven verloren zu haben? Ungläubig schaute man sie an, wenn sie behauptete, schwer krank zu sein und den Winter nicht in Wien verbringen zu können. Sie müsse fort, einfach ganz weit fort. Ja, wohin denn? Franz Joseph schlug ihr einige reizvolle Orte innerhalb des Reiches vor, doch Elisabeth winkte ab. Sie erklärte, sie wolle nach Madeira.

Madeira war damals nicht das, was es heute ist, es lag außerhalb der Welt. Was um Himmels willen wollte die Kaiserin auf dieser Insel, so weit weg von Wien? Man kann sich die Verzweiflung Franz Josephs vorstellen: Er hatte Angst um seine Frau, aber auch um die Würde seines Hauses. Schließlich war er der erste Monarch des Kontinents und ganz Europa blickte auf ihn und seine Familie. Welchen Eindruck machte es, wenn die Kaiserin sozusagen ins Exil ging? Wie sollte man der Welt begreiflich machen, dass die junge Frau plötzlich todkrank war? Der Kaiser witterte schon die Skandalfantasie der Zeitungen, die besorgt feststellen würden, dass es mit der kaiserlichen Ehe wohl nicht zum Besten bestellt war.

Elisabeth waren hässliche Gerüchte zu Ohren gekommen: Franz Joseph habe sich auf einer Reise nach Warschau mit einer polnischen Gräfin amüsiert. Er war dreißig Jahre alt, ein Mann in den besten Jahren, gut aussehend, galant und umschwärmt von den schönsten Frauen. War es ein Wunder, dass polnische Aristokratinnen ihren bestrickenden Charme einsetzten, um ihn zu gewinnen?

Doch so ausgiebig der Klatsch in Wien umging, so unverfroren die Gerüchte umherschwirrten: Wenn es um eine skandalöse Sache ging, hüllte sich der kaiserliche Hof in eisiges Schweigen. Nur Elisabeth machte durch ihr Verhalten einen dicken Strich durch die Rechnung, alles vertuschen und unter den Teppich kehren zu können.

Abgesehen von einer schleichenden Vergiftung ihrer Gefühle klagte Elisabeth jedoch über tatsächliche Beschwerden: Sie hatte schmerzhafte Schwellungen an Handgelenken und Knien, manchmal auch Fieber und Husten. Die Ärzte waren sich nicht schlüssig, einigten sich schließlich darauf, dass eine Luftveränderung das Beste für die Kaiserin wäre. Die Schwierigkeit aber, eine eindeutige Diagnose zu treffen, gab der Gerüchteküche erst recht Auftrieb: Lungenschwindsucht, Tuberkulose, Anämie, etwas Genaues wusste niemand. Dass Elisabeth als hypernervöse Frau wahrscheinlich an quälenden Allergien litt, das fiel damals keinem Arzt ein.

Es blieb dabei: Das Reiseziel hieß Madeira. Königin Victoria von England stellt der österreichischen Kaiserin großzügig ihre Luxusyacht „Osborne" zur Verfügung, mit der Elisabeth zusammen mit ihrer Dienerschaft – Hofmarschall Graf Königsegg, die Hofdamen Paula Bellegarde, Lily Hunyady und Prinzessin Helene von Thurn und Taxis, dem jungen Grafen Imre Hunyady und einem Arzt – auf Fahrt ging.

Kaum spürte sie die salzige Meeresluft um ihre Wangen, lebte Elisabeth auf. Trotz Sturm und Wetter verbrachte sie die meiste Zeit auf Deck. Sie fühlte sich sofort besser, und als das Schiff in Madeira anlegte, schritt eine junge, braun gebrannte Frau federnd über die Landungsbrücke.

Eine schöne Villa war gemietet worden, mit einer Terrasse auf das Meer hinaus und einem großen Garten mit paradiesischen subtropischen Blumen und Bäumen. Elisabeth fühlte sich anfangs restlos glücklich, ging stundenlang in den Kastanien- und Pinienwäldern spazieren. Oder sie machte lange Ausritte, erlaubte sich alle Launen wie die Einrichtung eines großen Vogelhauses neben der Villa für die vielen farbenprächtigen Vögel der Insel.

Doch Elisabeths Stimmungen schwankten von Tag zu Tag. Manchmal war sie niedergeschlagen und düster, dann wieder fröhlich und ausgelassen. Kompliziert wurde die Situation, als sie feststellte, dass Graf Imre Hunyady, mit dem sie ihr Ungarisch verbessern wollte, sich in sie verliebt hatte. Und auch sie musste sich eingestehen, dass der Graf ihr nicht gleichgültig war. Ein Sturm unbekannter Gefühle stürzte Elisabeth in Verwirrung. Die Unterrichtsstunden im Gartenpavillon dauerten immer länger, was prompt nach Wien gemeldet wurde. Imre Hunyady wurde umgehend zurückberufen ...

Von diesem Tag an verlor Elisabeth ihre Freude an ihrem Madeira-Aufenthalt. Wie so oft, ließ sie sich tagelang nicht sehen, und wenn sie zu den Mahlzeiten erschien, aß sie kaum etwas. Sie dachte lange über sich selbst nach, über ihr Leben, verlor sich in ihren Träumen und Fantasien. Und sie erkannte wohl auch, dass Franz Joseph nicht der Mann ihrer Sehnsucht war.

Als der Husten und die Gelenkschmerzen zurückgingen, wurde die Kaiserin von ihrem Arzt für gesund erklärt. Ihre melancholischen Stimmungen ignorierte er, und sie hellten sich auf, als sich Besuch ankündigte: Marie, ihr jüngere Schwester, traf auf der Insel ein. Trotzdem gab es bald keinen Grund mehr, noch länger auf Madeira zu verweilen. Doch Elisabeth ließ sich mit der Rückkehr Zeit, kreuzte im Mittelmeer hin und her, machte Abstecher nach Spanien, Portugal, Malta, Korfu. Erst nach einem halben Jahr konnte Franz Joseph, der ihr entgegengefahren war, seine Frau wieder in die Arme schließen.

Die Rückkehr gestaltete sich zu einer enthusiastischen

Die kaiserliche Familie in Venedig

Demonstration für Elisabeth und gegen den strengen Hof. Die Wiener veranstalteten einen begeisterten Fackelzug zu Ehren der Kaiserin, die Gesangvereine trugen ihre schönsten Lieder vor, der Bürgermeister hielt eine weihevolle Rede. Elisabeth dankte ihm, sichtlich bewegt, in einer kleinen Ansprache.

Aber das Glück der Rückkehr dauerte nicht lang. Wieder gab es Gerüchte über den schlechten Gesundheitszustand der Kaiserin, über Depressionen. Elisabeth verließ ihre Hauptstadt bereits nach wenigen Wochen wieder; diesmal war Korfu ihr Ziel.

Wer war an dieser plötzlichen Abreise schuld? War es wieder ein heftiger Streit mit ihrer Schwiegermutter? Oder zwang sie eine Krankheit zum Aufbruch?

Keiner wusste es so recht, und selbst in der Hofburg kursierten die verschiedensten Theorien. Man flüsterte, die Kaiserin gehe Franz Joseph aus dem Weg, weil sie nach der schweren Geburt des Kronprinzen Angst vor einer neuen Schwangerschaft habe. Man vermutete, der Kaiser habe seine zarte, sensible Frau satt und erhole sich von den Launen Elisabeths in den Armen anderer Frauen.

Auf Korfu fastete Elisabeth, badete und unternahm lange Spaziergänge. Helene traf ein, war entsetzt über das Aussehen ihrer Schwester. Doch sie brachte es immerhin zustande, dass Elisabeth ordentliche Mahlzeiten zu sich nahm. Geduldig hörte sich Néné die Klagen über die Schwierigkeiten am Hof, über die zerstörten Illusionen an.

Auch Franz Joseph kam, als er sich frei zu machen vermochte, auf einen kurzen Besuch nach Korfu. Aber er konnte Elisabeth nicht überreden, nach Hause zu kommen. Schließlich einigten sie sich darauf, dass die Kaiserin den Winter zusammen mit ihren beiden Kindern in Venedig verbrachte. Doch erst einige Kuren im folgenden Jahr machten Elisabeth wieder gesund.

Die Gedanken kreisten unaufhörlich. Wo konnte sie die Liebe finden, nach der sie sich so sehnte? Warum war ihr Leben nur so banal, so ohne jede Hoffnung? Warum fühlte sie sich so einsam, so verlassen? Elisabeth beschäftigte sich immer intensiver mit sich selbst. Sie ließ sich einen Gymnastiksaal einrichten, turnte täglich mit geradezu verbissener Energie an Ringen und Hanteln, schränkte das Essen noch mehr ein.

Die Kaiserin fühlte sich unausgefüllt. Sie hatte ihre Pflicht erfüllt und den Thronerben „produziert", ihr „Beruf" interessierte sie nicht weiter. Wohin sollte sie nur mit ihrer Zeit, ihrer Fantasie, ihrer Intelligenz?

Die Situation in Wien hatte sich keineswegs so entspannt, wie Elisabeth es gehofft hatte. Nach einigen Wochen bereits tobte wieder ein ständiger Streit um die Kinder. Sophie hielt die noch so junge Mutter für viel zu unerfahren, um ihr die Sorge und Erziehung der beiden Kinder zu überlassen. Und die Kaiserin litt entsetzlich darunter, dass man ihr Gisela und Rudolf vorenthielt. Doch so einfach ließ sie sich nicht mehr beiseite schieben. Jetzt begehrte sie auf.

Die hässlichen Streitereien zwischen Elisabeth und Sophie wurden nun zunehmend auch lautstark in Gegenwart des Kaisers ausgetragen. Die Kaiserin ließ sich zu verletzenden Worten hinreißen, die Erzherzogin blieb unerbittlich. Mit schnellen Schritten und bebenden Lippen verließ Elisabeth das Zimmer, Franz Joseph sah ihr mit hilflosem Blick nach. Er war hin- und hergerissen zwischen der Liebe zu seiner Sisi und der Achtung, die er seiner Mutter entgegenbrachte.

Es wurde eine Generalabrechnung. Wütend zählte die Erzherzogin ihrem Sohn die vielen „Fehler" Elisabeths auf: die mangelnde Selbstdisziplin, das Übertreiben von Reiten, Wandern und Fasten, die Einmischung in die Politik, die liberalen Ideen, die Pflichtvergessenheit. Alles, was sich an Unwillen und Ärger in ihr angestaut hatte, brach aus ihr heraus. Franz Joseph fühlte sich völlig überfordert, zwischen den beiden Frauen zu vermitteln. Es schien ihm ausweglos ...

Immer wieder entzündeten sich die Auseinandersetzungen an der Erziehung der Kinder. Elisabeth fand, dass Rudolf viel zu hart und streng erzogen wurde. Kompromisslos forderte sie, den Erzieher, Graf Gondrecourt, unverzüglich zu entlassen. Sophie verteidigte ihren Schützling, den sie selbst ausgesucht hatte; der Kaiser stand wieder unschlüssig zwischen den Fronten der beiden Frauen. Da verlor Elisabeth die Geduld und schrie: „Ich kann das nicht mit ansehen. Entweder Gondrecourt oder ich!"

Sie stellte dem Kaiser sogar ein schriftliches Ultimatum: „Ich wünsche, dass mir vorbehalten bleibe, unumschränkte Vollmacht in allem, was die Kinder betrifft, die Wahl ihrer Umgebung, den Ort ihres Aufenthaltes, die komplette Leitung ihrer Erziehung, mit einem Wort, alles bleibt mir ganz allein zu bestimmen, bis zum Moment ihrer Volljährigkeit. Ferner wünsche ich, dass, was immer meine persönlichen Angelegenheiten betrifft, wie unter anderem die Wahl meiner Umgebungen, den Ort meines Aufenthaltes, alle Änderungen im Haus etc. etc., mir allein zu bestimmen vorbehalten bleibt. Elisabeth."

So hatte mit dem Kaiser von Österreich wohl noch niemand gesprochen. Aber Elisabeth war fest entschlossen, keinen Schritt zurückzuweichen. Sie war es ein für alle Mal leid. Und Franz Joseph gab klein bei. Er entließ Gondrecourt und bestellte einen anderen Erzieher, den Grafen Joseph von Latour – so schwer es ihm auch fallen mochte, seine Mutter damit zu kränken. Elisabeth hatte einen Sieg errungen. Aber der Privatkrieg war nicht zu Ende.

Für Unmut sorgten auch die Umbesetzungen in ihrem Hofstaat, die Elisabeth vornahm. Gräfin Marie Festetics wurde zur Hofdame ernannt, eine stolze ungarische Adelsdame, die dem Wiener Hof durchaus die Stirn bieten konnte.

Die Hofdamen hatten es bei der Kaiserin nicht leicht. Deren liberale und geradezu modern anmutenden demokratischen Ansichten waren gefürchtet. Elisabeth verachtete zwar das lästige Zeremoniell und das monarchistische Getue. Doch sie konnte auch demonstrativ die Kaiserin „herauskehren" – eine große Allüre, die Franz Joseph immer wieder imponierte. Denn sie verband sie mit Charme und Grazie. Sosehr ihre Umgebung unter ihren Launen und der Nervosität zu leiden hatte, Elisabeth konnte auch reizend sein und ihre Dankbarkeit zum Ausdruck bringen: mit herzlichen Worten, mit einem wunderbaren Lächeln, mit großzügigen Geschenken.

Wenn sie gut aufgelegt war, wurde Elisabeth geradezu überschäumend fröhlich. Ansteckend war ihr perlendes Lachen, in das sie immer ausbrach, wenn sie sich an irgendwelchen Späßen ganz unkaiserlich freute. Sie verfiel dann gern in ihren heimatlichen Dialekt, nannte ein unverlässliches Pferd einen „Krampen" und titulierte den würdigen Erzherzog Ferdinand von Toskana ihrer Freundin Ida Ferenczy gegenüber als einen Trottel, nur weil er es gewagt hatte, telegrafisch nachzufragen, ob er einen Tag früher kommen dürfe, „was ohnehin schon ausgemacht war".

Der Kaiser liebte ein gemütliches Familienleben, das er so selten genießen konnte, und man erzählte sich bei Hof, dass der neunjährige Kronprinz eines Tages in die Ministerkonferenz mit den Worten platzte: „Die Mama lässt sagen, dass das Diner angerichtet ist." Wenn Franz Joseph abwesend war oder sich schon zu Bett gelegt hatte – er stand morgens um vier Uhr auf –, gab Elisabeth gelegentlich kleine exquisite Essen in ihren eigenen Räumen, die manchmal in ausgelassener Stimmung endeten. So erzählte sie ihrem Sohn Rudolf von einem Dejeuner – Mittagessen – in ihrer Suite, bei dem sie zum Namenstag des Kaisers „viel gelacht haben, denn ich habe alle Damen gezwungen, auf die Gesundheit des Papa ein Glas Champagner auszutrinken. Königsegg war sehr besorgt, Paula möchte zu lustig werden, und Lily konnte nach Tisch kaum mehr stehen ..."

In Alarmzustand geriet die Küche der Hofzuckerbäckerei Demel, wenn Elisabeth etwa um fünf Uhr früh von der nahen Burg hinüber nach heißem Kaffee schickte. Der Kaiserin gefielen solche Extravaganzen, ihre Umgebung aber schüttelte oft nur ungläubig den Kopf.

Kulturell war Elisabeth nicht sonderlich interessiert. Gewiss, sie las Gedichte, verehrte Shakespeare – vor allem den „Sommernachtstraum" und aus diesem Stück besonders Titania, mit der sie sich identifizierte. Sie liebte romantische Zigeunermelodien und sentimentale Lieder, aber die Musik von Johann Strauß war ihr weitgehend unbekannt. Dem Theater konnte sie kaum etwas abgewinnen (hatte aber überhaupt nichts dagegen, dass Franz Joseph sich mit der Schauspielerin Katharina Schratt anfreundete), manchmal veranstaltete sie Rezitationen in ihrem luxuriösen, ganz in Weiß gehaltenen Salon in der Hofburg. Mit Marus Jokai, dem ungarischen Dichter, freundete sie sich an; sie las auch alle seine Bücher und führte lange Gespräche mit ihm: „Je mehr Sie schreiben, desto mehr muss ich lesen."

Elisabeth ging ihre eigenen Wege, und Franz Joseph schien keine große Rolle mehr in ihrem Leben zu spielen. Sie war nur noch seltener Gast in der Hofburg. Erst der Krieg der Donaumonarchie mit Preußen im Jahr 1866, der für Österreich genauso unglücklich und blamabel ausging wie der Feldzug gegen Italien, zeigte, dass das Band zwischen Franz Joseph und Elisabeth noch nicht zerrissen war. In diesen kritischen Tagen erhielt der Kaiser fast jeden Tag einen langen Brief von Elisabeth und er schrieb nicht weniger ausführlich zurück. In den Wochen vor und nach der Niederlage von Königgrätz, wo die Österreicher vernichtend geschlagen wurden, wich sie nicht mehr von seiner Seite.

Wieder einmal zeigte sich, dass Elisabeth, wenn es drauf

ankam, sehr wohl Verantwortung empfand. „Was jetzt geschehen wird, weiß niemand", schrieb sie in einem Brief unmittelbar nach der Katastrophe. „Gott gebe nur, dass kein Friede geschlossen wird, wir haben nichts mehr zu verlieren, also lieber in Ehren ganz zugrunde gehen. Wir sind noch wie im Traum, ein Schlag nach dem anderen ... Und da soll man noch Gottvertrauen haben! Das Beste ist jetzt, keine Zeit mehr zum Denken zu haben, immer in Bewegung zu sein. Die Vormittage bringe ich in Spitälern zu, besonders bei ungarischen Soldaten bin ich gerne. Die armen Kerle haben hier niemanden, der mit ihnen sprechen kann. Der Kaiser ist so von Geschäften überhäuft, dass es wirklich seine einzige Erholung ist, wenn wir abends ein wenig zusammen beim offenen Fenster sitzen ..."

Zum ersten Mal seit Jahren waren die Wiener wieder stolz auf ihre Kaiserin, von der sie so lange nur unerfreuliche und zweifelhafte Geschichten über Krankheiten und Ehekonflikte gehört hatten. Elisabeth zeigte, dass sie nicht nur schön und launisch war, sondern auch ein Herz für ihr Volk hatte, dem sie sich nur zu selten zeigte. Jeden Tag besuchte sie die Militärlazarette, setzte sich unermüdlich für eine bessere Versorgung der verletzten Soldaten ein. Sie untersuchte eigenhändig die Wunden, beschenkte die Soldaten und verbrachte viele Stunden an ihren Betten. Am liebsten plauderte sie, wie gesagt, mit den Ungarn. Und das hatte natürlich einen besonderen Grund ...

Abbildung auf Seite 86:
Elisabeth am Tag ihrer Krönung zur Königin von Ungarn (1867)

KAPITEL 11

Königin von Ungarn

In den Monaten nach der Katastrophe von Königgrätz fand ein anderes Ereignis von historischer Bedeutung statt, bei dem Elisabeth ganz engagiert war: die Annäherung zwischen Ungarn und Österreich, die 1867 zum so genannten „Ausgleich" zwischen den beiden Ländern führte und das Reich zur „k. u. k." – also „kaiserlich und königlichen" Doppelmonarchie machte.

Jeder Ungar wusste, dass die Rückkehr menschenwürdiger Zustände in seinem Land nicht zuletzt dem Einfluss der Kaiserin zu verdanken war. In Pest war allgemein bekannt, dass Elisabeth in zahllosen vertrauten Gesprächen mit Politikern des Landes sich für eine weitgehende Unabhängigkeit Ungarns ausgesprochen hatte und dass sie sich damit so manchen Feind unter den Anhängern der Erzherzogin Sophie gemacht hatte.

Mit der Zeit, vor allem seit der Einfluss der Erzherzogin spürbar geringer wurde, war Elisabeths Hofstaat immer „ungarischer" geworden. Aus einer langen Liste mit glänzenden Namen hatte sich die Kaiserin ein junges ungarisches Mädchen ausgewählt, das sie offiziell als ihre Vorleserin engagierte: „Sie gefallen mir sehr, wir werden viel beisammen sein", sagte sie zu Ida Ferenczy, die ihr Glück kaum fassen konnte.

Ida Ferenczy war für die Kaiserin zweifellos ein Glücksfall: eine warmherzige Freundin, die ihr immer vertrauter wurde,

87

ihrer Herrscherin treu und ergeben. Sie hielt ihr Versprechen, mit niemandem über die Kaiserin zu reden und sich an keinem Klatsch zu beteiligen.

Ida spielte in diesen Jahren, die zum berühmten „Ausgleich" führten, eine nicht ganz unbedeutende Rolle. Sie war mit den führenden Politikern Ungarns, Franz Deák und Gyula Andrássy, bekannt, die an einem guten Verhältnis zu Österreich interessiert waren und von einer Abspaltung Ungarns nichts wissen wollten. „Völlige Trennung von Österreich ist Ungarns Tod", war die Meinung Deáks. Gyula Andrássy, der in Paris die Damenwelt bezaubert hatte, war zusammen mit anderen Exilanten die Rückkehr gestattet worden. Am 8. Januar 1866 kam er mit einer Abordnung ungarischer Magnaten – so hießen die Adligen in Ungarn – zum ersten Mal in die Wiener Hofburg. Er war begeistert von der Kaiserin, die in fehlerfreiem Ungarisch eine kleine Ansprache hielt, was die Delegation aus Pest ungemein entzückte. Elisabeth wusste genau, was auf dem Spiel stand, und zeigte sich von ihrer bezauberndsten Seite. In ungarischer Tracht sah sie einfach reizend aus, wie ihr alle Herren bestätigten.

Die „Königin" war Feuer und Flamme bei dieser Sache, glücklich, eine hochwichtige Mission übernehmen zu können. Auch Franz Joseph spürte sehr genau, dass der Einfluss Elisabeths auf die Ungarn nicht zu unterschätzen war. „Sei mein Anwalt", hatte er sie gebeten, als sie allein nach Pest fuhr und Residenz in der Burg von Ofen hoch über der Stadt nahm. Einen geschickteren Anwalt hätte der Kaiser sich nicht wünschen können und vor allem keinen schöneren. Er war überrascht, mit welcher Zielstrebigkeit und Hartnäckigkeit Elisabeth sich für die Ungarn einsetzte, mit welcher Energie, aber auch Intelligenz, Diplomatie und Takt sie deren Anliegen ihm und seinen Beratern gegenüber vertrat.

Mit einem Mal schienen alle Neurosen, Krankheiten und Schwächen vergessen. Andrássy übte eine besonders starke

Wirkung auf Elisabeth aus. Sie erlag seiner Faszination, seinem feurigen Aussehen, seinem Charme. In seinen Blicken las sie Bewunderung, was ihr ungemein schmeichelte. Zwischen den beiden entwickelte sich eine erotische Atmosphäre, welche die österreichisch-ungarischen Verhandlungen deutlich beflügeln sollte.

Franz Joseph ahnte, dass zwischen Elisabeth und Andrássy „etwas lief". Vielleicht keine Affäre, aber eine tiefe Freundschaft bahnte sich an. Eine kleine Begebenheit zeigt die Besorgnis des Kaisers, seine Frau könnte sich zu sehr mit Andrássy einlassen: Um nicht in der weitläufigen Burg von Ofen wohnen zu müssen, mietete Ida Ferenczy eine hübsche Villa in den Bergen. Inmitten seiner tausend Sorgen empfand Franz Joseph doch einen Stich Eifersucht; besorgt kritisierte er in einem Brief an Elisabeth die Glastür zu ihrem Schlafzimmer: „Die Glastür freut mich gar nicht, denn man kann da gewiss hineinsehen, wenn du deine Waschungen vornimmst. Lass doch einen großen Vorhang davor machen."

Jeden Tag wurde Graf Andrássy von Elisabeth empfangen, und da sie meist allein mit ihm zusammen war, gab es natürlich wieder allerhand Gerede. Kein Zweifel, dass die Kaiserin bei beiden Männern, Franz Joseph und Andrássy, ihren Charme einsetzte. Sie beschwor den Kaiser, den Einfluss, die Fähigkeiten und den offenbar guten Willen des Grafen zu nutzen. Und nach vielen vergeblichen Versuchen, den Wiener Hof für die Interessen der Ungarn aufgeschlossener zu machen, schrieb sie Franz Joseph einen drängenden Brief: „Ich habe die Überzeugung gewonnen, wenn du ihm vertraust, so sind wir und nicht Ungarn allein, sondern die Monarchie noch zu retten. Du musst aber jedenfalls selbst mit ihm reden, und zwar gleich ..."

Immer wieder bedrängte Elisabeth den Kaiser, mit Deák und Andrássy zu verhandeln. Endlich erklärte sich Franz Joseph bereit, Franz Deák nach Wien kommen zu lassen. Es war Elisabeth zu verdanken, wenn es schließlich nach mehreren Anläufen zu Begegnungen und ernsthaften Gesprächen kam. Unter Aufbietung all ihrer Kräfte unterstützte die Kaiserin die Ungarn, ihre Sache bei Hof zu vertreten.

Verhandlungen begannen, die geschmeidige Diplomatie produzierte Geheimtreffen, Papiere, Erklärungen. Auch Andrássy wurde mehrere Male vom Kaiser empfangen. Allmählich löste sich das Misstrauen des Kaisers gegen den ungarischen Politiker auf. Und am 18. Februar 1867 wurde im ungarischen Abgeordnetenhaus die Verfassung Ungarns proklamiert, Gyula Andrássy zum Ministerpräsidenten ernannt.

Die Krönung zur Königin von Ungarn am 8. Juni 1867 war der Höhepunkt im Leben Elisabeths. Ein überwältigendes Fest. Eine rauschende Feier. Eine enthusiastische Huldigung des ungarischen Volkes und Adels für die schönste Frau, die je die diamantene Krone des magyarischen Königreiches trug.

Es war die prunkvollste Feier, die jemals in der festfreudigen ungarischen Hauptstadt stattgefunden hat, fast noch prächtiger als die Hochzeit des Kaiserpaares in Wien. Sechs Tage dauerten die Festlichkeiten, in deren Mittelpunkt die Krönung in der Marienkathedrale statt. Alle, die Elisabeth sahen, waren hingerissen von ihrem zarten und doch majestätischen Reiz. Immer wieder brausten „Eljen"-Rufe, ein tausendstimmiges Hurra auf „Erzsébet", die Königin von Ungarn.

Elisabeth stand im Zenit ihres Lebens. Sie war neunundzwanzig Jahre alt, umschwärmt, bewundert, angebetet von einem Volk, das ihr alle seine Sympathien, sein ganzes Herz gab. Es war Andrássy, der ihr die Krone über die linke Schulter hielt. Elisabeth zitterte vor Erregung.

Zweihundert der vornehmsten Magnaten in mit Goldstickerei und Edelsteinen verzierten Nationalkostümen folgten dem von acht spanischen Schimmeln gezogenen goldenen

Wagen Elisabeths und Franz Josephs. Die Königin von Ungarn trug einen mit weißem Atlas gefütterten Krönungsmantel aus schwarzem Samt und auf dem Haupt die diamanten- und perlenbesetzte Krone. Glanzvoll führte Franz Joseph ein herrliches weißes Pferd auf den Krönungshügel, auf dem er ein feierliches Gelöbnis in alle vier Himmelsrichtungen ablegte.

In dieser Woche nahm sich Elisabeth sehr zusammen, lächelte unermüdlich, zeigte sich fasziniert von der Begeisterung der Ungarn und verteilte selbst viele Komplimente an die stolzen Magnaten der Puszta. Aber ihr wurde alles doch zu viel. Sosehr sie es genoss, von diesen Menschen anerkannt und geliebt zu werden, so zuwider war ihr die „furchtbare Plage", wie sie ihrer Mutter Ludovika nach Possenhofen schrieb, „so von früh angefangen, in Schleppe und Diadem zu sein. Die Tage sind ausgefüllt mit ermüdenden Zeremonien, das Ärgste werden die Bälle und das Theater sein. Wie angenehm muss es jetzt in Possi sein." In Budapest herrschte eine Jahrhunderthitze, auch in den Nächten ließ die Schwüle kaum nach.

Die Kaiserehe erlebte ein neues Hoch. Elisabeth und Franz Joseph fühlten sich einander nahe wie nie zuvor, gleichsam angeheizt durch die allgemeine Hochstimmung. Eine neue Zärtlichkeit erfüllte sie. „In unserem Zimmer" – offenbar ihres und Franz Josephs Schlafzimmer – „duftet es herrlich nach Flieder und Akazien", schrieb die Kaiserin dem neunjährigen Rudolf nach Wien.

Die größte Freude aber war das Geschenk der ungarischen Nation an das neue Königspaar: Schloss Gödöllö, nur dreißig Kilometer nordöstlich von Ofen entfernt. Diese Sommerresidenz hatte Elisabeth schon früher auf einem ihrer Ritte entdeckt und dem Kaiser von der idyllischen Lage zwischen Wald und Puszta vorgeschwärmt. Franz Joseph hatte sie warnen müssen, dass aus Gründen der Sparsamkeit an einen

Kauf nicht zu denken sei; der Marstall sei reduziert, das Hofbudget drastisch gekürzt worden ... Nun aber gehörte es doch ihr.

Gödöllö sollte der Mittelpunkt ihres Lebens werden. Hier fanden rauschende Jagdgesellschaften, traumhafte Sommerferien statt, hier traf sich Elisabeth mit Andrássy, was zu bösen Gerüchten am Wiener Hof führte, der sich von der Kaiserin vernachlässigt fühlte.

Mitten in die Krönungsfeierlichkeiten platzte die Nachricht vom tragischen Tod einer jungen Verwandten Elisabeths. Die achtzehnjährige Tochter Mathilde des Erzherzogs Albrecht hatte die Angewohnheit zu rauchen, obwohl ihr Vater dies verboten hatte. Als er eines Tages unvermutet ihr Zimmer betrat, wollte sie die Zigarette schnell verstecken. Dabei fing ihr Batistkleid Feuer. Vor den Augen des fassungslosen Vaters züngelten die Flammen blitzschnell an ihrem Körper hoch. Die Erzherzogin starb an ihren schweren Verletzungen.

Und auch Maximilian, einer der Brüder Franz Josephs, musste sein Leben lassen. Er hatte sich verführen lassen, die Kaiserkrone im fernen Mexiko anzunehmen. Zusammen mit seiner Frau Charlotte war er von Triest aus nach Mexiko aufgebrochen, wurde dort rasch in die Kämpfe der Aufständischen verstrickt und auf Befehl des Rebellenführer Benito Juárez in Querétaro erschossen. Eine Tragödie für die Habsburger! Als Erzherzogin Sophie vom Tod ihres Sohnes erfuhr, zog sie sich voll unstillbarer Trauer in die Gemächer zurück. Nur noch selten sah man sie ausgehen. Ihr Stolz war für immer gebrochen. Es dauerte Wochen, ehe man die furchtbaren Nachrichten aus Mexiko in der Hofburg fassen konnte.

In dem von dichten Wäldern und Wiesen umgebenen ungarischen Lustschloss Gödöllö versuchten Elisabeth und Franz Joseph ihre Trauer zu vergessen. Elisabeth hatte auch wieder Grund, hoffnungsvoll in die Zukunft zu schauen.

Königgrätz und Mexiko, diese schmerzlichsten Niederlagen des Hauses Habsburg seit dem unglücklichen Ausgang des italienischen Krieges, hatten wenigstens ein Gutes gehabt: Sie hatten das Kaiserpaar menschlich wieder zusammengeführt. Franz Joseph und Elisabeth verstanden sich jetzt wieder besser, oft sah man beide Seite an Seite durch die weiten Felder reiten. Und der Kaiser lächelte wieder so glücklich wie einst, als er seine Sisi durch die Wälder von Ischl und Possenhofen führte.

Was noch vor zwei Jahren keiner am Hof für möglich gehalten hätte, geschah: Fast genau am Tag ihres vierzehn-jährigen Ehejubiläums, am 22. April 1868, brachte Elisabeth ein Töchterchen zur Welt, gleichsam ein Sinnbild der wiedererstandenen Sympathie in der kaiserlichen Ehe. Marie Valerie – diesen Namen hatte Elisabeth für ihr Herzenskind ausgesucht – wurde im Familienkreis nur „Mutzerl" genannt. Sie war das von allen, besonders von der Mutter verwöhnte Nesthäkchen. Sehr niedlich schilderte Franz Joseph seinem Sohn Rudolf das Schwesterchen in einem Brief: „Sie ist recht hübsch, hat große, dunkelblaue Augen, eine noch etwas zu dicke Nase, sehr kleinen Mund, ungeheuer dicke Backen und so dichte dunkle Haare, dass man sie jetzt schon frisieren könnte. Auch am Körper ist sie sehr stark und sie schlägt sehr frisch mit Händchen und Füßen herum."

Eifersüchtig wachte Elisabeth über ihr Mutzerl und zeigte es stolz jedem Besuch. Ungarns größter Dichter, Maurus Jokai, überreichte der Kaiserin eines seiner Bücher. „Als ich gehen wollte", erzählt er, „sagte sie: ‚Warten Sie einen Augenblick! Ich will Ihnen meine Tochter zeigen.' – Sie öffnete eine Seitentür und winkte der Kinderwärterin, die mit der Kleinen hereinkam. Die Königin nahm das lächelnde Kind in ihre Arme und drückte es fest an ihr Gesicht. Niemals werde ich diesen schönen Anblick vergessen."

Marie Valerie, das „ungarische Kind", bekam von Elisabeth

all die Liebe und Wärme, zu der sie fähig war. Sie überschüttete ihre Tochter mit einer fast beängstigenden Zuneigung. Die Kleine musste sie überallhin begleiten, wurde umsorgt und umhegt, während die älteste Tochter, Gisela, von der Kaiserin kaum beachtet wurde und auch Rudolf oft über die Abwesenheit seiner Mutter klagte. Umso enger hatten sich Rudolf und Gisela aneinander geklammert, sie waren in ihrer Kinderzeit unzertrennlich, während sich der „Nachzügler" Marie Valerie mit ihrem älteren Bruder kaum verstand. Sie stritten sich als eifersüchtige Rivalen um die Liebe der Mutter, und es ärgerte Rudolf, dass seine kleine Schwester bei Elisabeth so viel Zuneigung und Anerkennung fand.

KAPITEL 12

Die schöne Kaiserin

Von ihrer Mutter hatte Valerie die dunklen, bald in einem magischen Blau, bald in tiefem Braun leuchtenden Augen und das dichte, lockige Haar geerbt. Elisabeth galt in jenen Jahren unbestritten als die schönste Fürstin Europas. Nicht einmal der aparte, südländische Charme der Kaiserin Eugénie, Gemahlin des französischen Kaisers Napoleon III., konnte sich mit der Eleganz Elisabeths messen.

Frauen sind gegenüber ihren Geschlechtsgenossinnen wohl die penibelsten und unbestechlichsten Kritikerinnen. Sie bewundern eine andere Frau vielleicht, fast immer aber mischt sich Eifersucht in die Faszination; vor den Vorzügen sehen sie die Fehler geradezu unerbittlich. Umso erstaunlicher, dass in diesem Punkt Elisabeth konkurrenzlos dastand. Die Damen am österreichischen Hof mochten viel an der Kaiserin auszusetzen haben, ihr makelloses Aussehen wurde von allen vorbehaltlos anerkannt.

Die habsburgische Erzherzogin Luise von Toskana, welche die Kaiserin als junge Frau sah, war sofort von ihr hingerissen. Begeistert erzählte sie in ihren Erinnerungen von Elisabeth: „Eine ganz besondere Anziehungskraft ging von ihr aus und zog mich in ihre Nähe. Wie eine märchenhafte Erscheinung sah ich sie durch die Gänge und Säle der Hofburg gleiten. Die Kaiserin war eine wunderschöne Frau und hatte prachtvolles Haar, das sie wie mit einem herrlichen Mantel umhüllte, wenn es aufgelöst war. Eine Kammerfrau war besonders dazu angestellt, ihr Haar zu pflegen und zu kämmen. Die tägliche Frisur wurde in eigentümlicher Art ausgeführt. Auf dem Fußboden des Toilettezimmers wurde ein großes, weißes Leinentuch ausgebreitet, und die Kaiserin setzte sich in der Mitte dieses weißen, improvisierten Teppichs auf einen niederen Stuhl. Die Kammerfrau, ganz in Weiß gekleidet, begann ihre schwierige Arbeit, die sonderbar endete. Nachdem das Haar der kaiserlichen Frau lange gebürstet und gekämmt und in breite, hohe Zöpfe geflochten war, wurde der schmale Kopf der Kaiserin wie mit einer Krone mit diesen Zöpfen geschmückt, worauf die Kammerfrau auf dem weißen Tuch sowie auf dem Frisiermantel jedes einzelne Haar zusammensuchte und Kamm und Bürste genau betrachtet wurden, um keins zu vergessen. Die genaue Anzahl der ausgekämmten Haare wurde dann von der Kammerfrau der Kaiserin mitgeteilt; diese war sehr unzufrieden, wenn es ihr schien, es seien zu viele beim Frisieren ausgekämmt worden, worauf die Kammerfrau eine unangenehme Viertelstunde erleben musste."

Während der zeitraubenden Frisur, für die jeden Tag mehrere Stunden veranschlagt werden mussten, vertrieb Elisabeth sich die Zeit mit Sprachstudien; sie lernte unermüdlich Vokabeln oder ließ sich aus Büchern vorlesen. Ihr griechischer Vorleser Konstantin Christomanos machte ihr bei dieser Gelegenheit einmal das Kompliment: „Ihre Majestät tragen das Haar wie eine Krone." Elisabeth pflegte solche Ausbrüche von übermäßiger Bewunderung immer ironisch zu kommentieren. Mit einem etwas traurigen Lächeln antwortete sie: „Man kann sich viel leichter von der anderen Krone trennen als von dieser. Wenn ich mir das Haar kurz schneiden lassen wollte, weil ich es für überflüssig halte, diese Last zu tragen, würden die Leute wie die Wölfe über mich herfallen."

Elisabeth war trotz der mühseligen Prozedur des Frisierens stolz auf ihre Haarpracht. Es klang deshalb etwas kokett,

Kaiserin Elisabeth auf dem Höhepunkt ihrer Schönheit

wenn sie klagte: „Ich bin eine Sklavin meiner Haare." Und sie meinte es nie ernst, wenn sie darüber nachdachte: „Vielleicht schneide ich es doch einmal ab. Diese Frisiererei dauert immer fast zwei Stunden, und während meine Haare frisiert werden, bleibt mein Geist träge. Ich fürchte, er geht aus den Haaren hinaus in die Finger der Frisörin. Deswegen tut mir dann mein Kopf so weh." Und ihren bewundernden Vorleser wies sie zurecht: „Bitte schauen Sie doch nicht dauernd so her. Ich fühle jeden Ihrer Blicke an meinen Haaren. Ich werde meinen Arzt bitten, er soll Ihnen ein Paar Scheuklappen verschreiben, wie für die jungen Pferde. Die müssen Sie jeden Morgen anlegen."

Nicht nur die Blicke der Männer, auch die der Hofdamen hingen bewundernd an der Kaiserin. Marie von Wallersee, ihre junge Nichte, berichtet in ihren Memoiren von Elisabeths „prachtvollem, mahagonifarbenem, natürlich gewelltem Haar mit dem legendären Tizianschimmer, das, wenn es offen herabfiel, fast bis zu den Knien reichte". So hatte auch Franz Xaver Winterhalter die Kaiserin auf einem seiner berühmten Gemälde porträtiert: mit verführerisch aufgelöstem Haar, das ihr offen in rauschenden Kaskaden über die Schultern fiel. Marie verrät auch, dass Elisabeth viel für ihre Schönheit tat, dass sie ihre Reize durch Bäder, Essenzen und Öl verstärkte. Neben ihrer Passion für Sport nahm dieser Schönheitskult „den größten Teil ihrer Lebensinteressen in Anspruch. Der Pflege ihres Körpers widmete sie in jungen Jahren ebenso viel Zeit wie der Pflege des Reit- und Turnsports. Ihren ungewöhnlich zarten Teint, ihr feenhaftes prächtiges Haar betreute sie in sorgfältigster Pflege bei gewissenhafter Anwendung alter, der Öffentlichkeit unbekannter Naturrezepte, meist indischen Ursprungs, nach denen sie die Mittel eigens für sich bereiten ließ. Für gewöhnlich nahm die Kaiserin täglich morgens eine kalte Dusche mit nachfolgender Massage."

Elisabeth war ständig um ihr Aussehen besorgt. Der

Gedanke an das Älterwerden bereitete ihr geradezu panische Angst. „Sobald ich fühle, dass ich altere", schrieb sie in ihr Tagebuch, „ziehe ich mich ganz von der Welt zurück. Es gibt nichts Grässlicheres, als nicht Abschied nehmen zu wollen vom Jungsein. Vielleicht werde ich später immer verschleiert gehen und nicht einmal meine nächste Umgebung soll mein Gesicht mehr erblicken. Man muss immer zur rechten Zeit verschwinden können." Nach ihrem vierzigsten Geburtstag machte Elisabeth ernst damit: Sie verbot nun jede Fotografie und trug in der Öffentlichkeit immer Schirm und Fächer mit sich, um sich neugierigen Blicken jederzeit entziehen zu können.

Kein Wunder, dass diese sich ihrer Reize so überaus bewusste Schönheit die Männer faszinierte. Der deutsche Kaiser Wilhelm I. fasste sich bei Elisabeths Anblick vor allen Hofleuten wie ein verliebter Troubadour ans Herz und erklärte: „Es ist besser, nicht zu viel hinzusehen. Es wird einem gar zu warm ums Herz."

Nasreddin, der Schah von Persien, wurde bei seinem Besuch 1873 in Wien noch deutlicher: Der dunkelbärtige orientalische Herrscher blieb wie vom Schlag gerührt stehen, als er der Kaiserin vorgestellt wurde. Dann zückte er seine goldenen Augengläser, musterte Elisabeth von Kopf bis Fuß, als wolle er eine neue Frau für seinen Harem kaufen, umkreiste sie mit langsamen Schritten und rief schließlich begeistert auf Französisch aus: „Mein Gott, wie ist sie schön!"

Der Schah konnte sich gar nicht von ihrem Anblick losreißen und nahm kaum Notiz von Franz Joseph, der etwas verblüfft und verlegen neben ihm stand. „Eine Göttin ist sie", erklärte Nasreddin, „die schönste Frau, die ich je gesehen habe." Elisabeth machte diese Verehrung ihres Gastes aus dem Orient viel Spaß. Sie lachte stets, wenn sie sich an den Besuch des Schahs erinnerte.

Der Kaiser war ein überaus großzügiger Ehemann. Er sah

lächelnd darüber hinweg, wenn Elisabeth sich mal wieder
teure Pferde anschaffte oder löwengroße Neufundländer und
Schäferhunde kaufte, doch er war eifersüchtig auf ihre Män-
nerbekanntschaften. Nur zu gut kannte er die Schwäche seiner Frau für Ungarn, auch für die oft ebenso gut aussehenden
wie geistreichen Budapester Kavaliere. Elisabeth hütete sich
denn auch, das Misstrauen ihres Mannes zu erregen. Zu ihren
Bewunderern gehörte zum Beispiel der Generaladjutant des
Kaisers, Graf Bellegarde, und Franz Joseph hatte das schnell
herausbekommen. Als der Graf ihr einmal in Abwesenheit
des Kaisers einen Besuch abstattete, teilte sie dies Franz
Joseph sofort beschwichtigend mit: „Bellegarde ist angekommen. Beruhige dich, ich kokettiere nicht mit ihm, ebenso
wenig wie mit jemand anderem."

Hatte der Kaiser Grund zum Misstrauen gegen seine schöne Gemahlin?

Elisabeth teilte das Schicksal der meisten schönen Frauen
in hoher Stellung: Sie wurde geliebt, sie wurde heftig benei-
det, aber auch gehasst. Vor allem der Wiener Hof tat sich
schwer, Elisabeth zu akzeptieren, die Kaiserin mit ihren
unberechenbaren Launen und dem oft so völlig unhöfischen
Benehmen anzuerkennen. Die Hofdamen nahmen es Elisabeth geradezu übel, dass sie sich nicht bei einem „Fehltritt"
ertappen ließ. Ein kaiserlicher Seitensprung, das war es, was
dem Hofklatsch schon lange fehlte.

Unwillig notierte eine der aufrichtigsten Anhängerinnen
Elisabeths, ihre ungarische Hofdame Gräfin Marie Festetics,
in ihrem Tagebuch: „Sie ist die Verkörperung des Begriffes
Lieblichkeit! Eine Königin! In allem fein und edel. Dann fällt
mir wieder all das Getratsch ein und ich denke, es mag viel
Neid dabei sein, denn sie ist bezaubernd schön und anmutig.
Wie kann man nur jemand kränken, der so aussieht wie sie?"

Was nur wenige wussten: Diese Schönheit war teuer
erkauft. Vor allem mit unsinnigen Diätplänen, die Franz

Joseph mit schöner Regelmäßigkeit zur Verzweiflung trieb. Der Kaiser bekam ein Würgen im Hals, wenn er die „Nahrung" sah, die Elisabeth manchmal zu sich nahm, um ihre schlanke Linie zu erhalten. Das halbrohe Beefsteak und die Orange, welche die Kaiserin als Hauptmahlzeit verzehrte – abends stürzte sie dann bisweilen nur noch ein Glas eiskalte Milch hinunter –, ließ er sich noch gefallen. Das blanke Entsetzen packte ihn jedoch, als er eines Tages eine Flasche mit einer dunkelroten Flüssigkeit entdeckte, die zu seltsam roch, als dass es Rotwein sein konnte. Elisabeth, von ihm zur Rede gestellt, musste gestehen, dass es „Ochsensaft" war. Immerhin verlor sie rasch den Geschmack an dem merkwürdigen Getränk, das sie mittels einer eigens konstruierten Maschine aus schlachtfrischem Rindfleisch pressen ließ.

KAPITEL 13

Sie sieht aus wie ein Engel und reitet wie ein Teufel

Keiner kannte die blasse, melancholische Kaiserin wieder, wenn er sie in der Gesellschaft von Kindern und Tieren überraschte. Elisabeths Liebe zu Pferden war nicht zu übertreffen. Als sie für einige Monate an den Starnberger See fuhr, schrieb sie ihrer treuen Ida: „Wie schade, dass ich nicht immer alle meine Pferde mitnehmen kann. Küsse Ballerina für mich von Kopf bis zu Fuß, doch gib acht, dass sie dich nicht in den Bauch schlägt, da sie hie und da ein falsches Tier ist." Aus Kissingen schrieb sie einmal: „Horseguard hatte eine furchtbare Freude, als er mich wieder sah, und erdrückte mich fast mit seinen Armen." Wer war Horseguard? Nun, es war einer ihrer großen Lieblingshunde.

Überall, wo man nicht auf Etikette bedacht war, gab Elisabeth sich so natürlich und ungezwungen, wie sie war. Eine kleine Maus konnte sie in Entzücken versetzen, und gut gelaunt teilte sie Franz Joseph ihr Erlebnis sofort brieflich mit: „Gestern Abend war große Jagd bei mir im alten Zimmer. Kinder, Frauen, Lakaien und Kammerweib hetzten eine Maus mit Besen, Stöcken und Tüchern, es war ein wahres Hindernisrennen, bei dem die Unglückliche einmal in eine Schüssel fiel, aber gleich wieder aus dem Wasser sprang. Endlich fing sie ein Lakai, nachdem sie schon unter die Röcke einer Frau gekrochen war, und drehte ihr den Hals um."

Elisabeth hatte eine naive Freude an allen Dingen, die auch ihren Kindern Spaß machten. Als sie sich mit Marie Valerie in Bayern aufhielt, kam eines Tages ein Gaukler mit Tieren vorbeigezogen. Die Kaiserin lachte über den tanzenden Bären noch mehr als ihre Tochter. Sie warf einen Apfel in den See, dem der Bär sofort nachschwamm. Der Bär fühlte sich sehr wohl im Wasser. Erst ein Dampfschiff scheuchte ihn wieder zurück, mit ängstlichen Sprüngen flüchtete er ans Ufer. Nur zu gern hätte Elisabeth den zahmen Bären, der sich so zutraulich streicheln ließ, für Marie Valerie behalten.

Noch mehr Spaß als an Bären hatte die Kaiserin an Hunden. Für kleine hatte sie nichts übrig, die Hunde konnten nicht groß genug sein. „Ich fürchte fast", meinte die Kaiserin einmal, „einen so großen Hund, wie ich ihn mir wünsche, gibt's gar nicht auf der Welt." Sie ließ einen Zwinger für ihre großen Hunde anlegen. Die Hofdamen waren stets auf der Hut vor der Furcht erregend bellenden und kläffenden Meute, für die auch Franz Joseph nur ein Kopfschütteln übrig hatte.

Die größte Leidenschaft aber war das Reiten. Nichts konnte Elisabeth daran hindern, in England, Frankreich, Irland, Ungarn an Jagden und Parforceritten teilzunehmen, bei denen selbst die geübtesten Reiter Mühe hatten, im Sattel zu bleiben. Es gab Tage, an denen Elisabeth wie im Rausch ritt, in rasendem Galopp trieb sie ihr Pferd über von Wassergräben und Hecken durchzogene Wiesen. Je breiter die Gräben und je höher die Hecken, umso mehr Spaß machte es ihr. Mit gewagten Sprüngen setzte sie ihr Pferd glatt über drei kurz aufeinander folgende riesige Hecken hinweg. Bei besonders breiten Gräben stürzten ihre Begleiter oft reihenweise. Fluchend krochen die rotbefrackten Gentlemen aus dem Sumpfwasser, schlugen sich den Moordreck aus der Kleidung. Elisabeth jedoch lachte nur, trieb ihr Pferd schon wieder an.

Elisabeth bei einer Parforcejagd

Aber auch sie landete mehr als einmal im Wasser und auf dem Rasen. Besonders gern versuchte sie sich an neuen, wenig dressierten Pferden. Wie einem Geliebten flüsterte sie einem solchen ungebändigten Tier Koseworte ins Ohr, streichelte es, gab ihm Zuckerstücke. Eine fast magische Macht hatte sie über die Pferde, die zu fühlen schienen, wie gut die schlanke, schöne Dame es mit ihnen meinte. Sie zückten die Ohren, schnaubten und ließen sich willig von ihr über die Wiesen lenken. Elisabeth war wirklich eine „Pferdeflüsterin" ...

Eines Tages, während eines Ritts über die Felder der Normandie, stürzte sie lebensgefährlich. Als sie auf dem Rücken eines neuen Pferdes eine Hecke nehmen wollte, sank das Tier so heftig in die Knie, dass die Sattelgabel zerbrach. Elisabeth wurde in hohem Schwung auf den Rasen geschleudert und blieb bewusstlos liegen.

„Wo ist Valerie und der Kaiser, und wo sind wir?", fragte sie nach dem Erwachen aus der Ohnmacht.

„Wir sind in der Normandie, Majestät", antwortete man ihr.

„Ja, was machen wir denn in Frankreich?", meinte Elisabeth.

Erst allmählich gewann sie das Gedächtnis wieder. Der Arzt stellte eine Gehirnerschütterung fest, und tagelang hatte die Kaiserin kaum erträgliche Kopfschmerzen und Übelkeitsanfälle. In Wien geriet Franz Joseph in die größte Aufregung, und erst die bald darauf eintreffende Nachricht, dass sich die Kaiserin bereits wieder spürbar besser fühle, hielt ihn davon ab, nach Frankreich zu reisen. „Dem allmächtigen Gott heißen Dank, dass es so weit ist", schrieb er an Elisabeth. „Ich kann den Gedanken nicht ausdenken, was hätte geschehen können. Was sollte ich auf der Welt ohne dich, den guten Engel meines Lebens?"

Doch kaum war sie nach ihrem gefährlichen Sturz in der Normandie zurückgekehrt, setzte sie ihre Parforceritte fort, als sei nichts geschehen. Sie war süchtig nach dem Rausch des schnellen Reitens. Nicht nur bei Tage ritt sie über Hecken und Wiesen die wildesten Pferde aus den englischen und ungarischen Gestüten. Auch in sternenhellen Nächten galoppierte sie ruhelos durch die Wälder von Gödöllö und kehrte erst beim Morgengrauen ins Schloss zurück.

Elisabeth genoss die Bewunderung der Männer, mit denen sie ausritt. Der berühmte englische Rennreiter Bay Middleton begleitete die Kaiserin besonders häufig. Ob seine Verehrung mehr der schönen Frau oder der vorzüglichen Reiterin galt, darüber war man sich am Hof keineswegs einig. Der frische, natürliche Captain Middleton, ein immer gut aufgelegter typisch englischer Sportsfreund mit rötlichen Haaren und einem gleichfarbigen Schnurrbart in einem Gesicht mit vielen Sommersprossen, war alles andere als ein steifer, förmlicher Hofmann. Der gute Bay bekam keinen geringen Schrecken, als er bei einem Besuch Elisabeths in England den Auftrag erhielt, die Kaiserin zu „pilotieren", also sie bei den gefährlichen Fuchsjagden und Geländeritten zu begleiten.

Diese Ritte über hohe Hecken, Wassergräben und sumpfige Wiesen waren alles andere als Sonntagsausflüge. Am Londoner Hof war man sehr überrascht über die Reitkünste der schönen Majestät aus Wien. Und am meisten wohl Bay Middleton, der sich schon nach den ersten Ritten fast überflüssig vorkam. Warum sollte er auf die Kaiserin aufpassen, sie ritt ja beinahe besser als er selbst? Bay war erstaunt über die schneidige Reiterin, die in England mit viel Waghalsigkeit über meterhohe Hecken und breite Gräben hinwegsetzte, die Pferde mit zarter Hand virtuos durch jedes Gewirr von Bäumen und Büschen leitete. Sie verlor auch nicht ihre Geistesgegenwart, wenn ein Pferd stolperte, und sprang mit artistischer Gewandtheit im letzten Augenblick von dem stürzenden Tier. Die unbändigsten und schnellsten Pferde waren ihr ja gerade recht, und verächtlich schrieb die Kaiserin ihrem Gemahl nach Wien: „Deine Pferde sind alle nichts nutz, langsam und matt, hier braucht man ganz anderes Material."

Elisabeth ritt gern mit Bay Middleton aus, in England und Irland, aber auch in Ungarn. Oft entschwanden die beiden im Galopp wie zufällig den Augen der Gesellschaft. Mit neugierigem Interesse beobachteten die Kavaliere die Vertraulichkeit, die zwischen der Kaiserin und ihrem „Piloten", aber auch zu anderen Gentlemen wie Nikolaus Esterházy, Elemér Batthyány, Rudolf Liechtenstein und natürlich Gyula Andrássy zu bestehen schien. Doch Elisabeths Ruf blieb untadelig. Man konnte ihr nie eine „Affäre" nachweisen.

In Gödöllö wurde, wenn Franz Joseph nicht anwesend war, die Etikette sehr locker gehandhabt. In der Gesellschaft der stolzen Reiter – die alle jung, gut aussehend, unabhängig und unverheiratet waren – fühlte sich Elisabeth wirklich wie eine Königin, wie Diana, die Göttin der Jagd. Sie genoss das erotische Prickeln, das die Art, wie die Herren ihre unerreichbare Dame bewunderten, begehrten, umschwärmten, in ihr auslöste. Es gab ihrem Leben einen Auftrieb, den sie in einer solchen Kraft nie erlebt hatte. Sehnsüchte erwachten in ihr, die ihr Franz Joseph nie hatte erfüllen können. Sie blühte auf, und eines Morgens gestand sie Marie Festetics: „Nichts Schrecklicheres, als am Morgen zu erwachen und zu wissen, dass man nicht mehr begehrt wird. Ein Leben ohne Liebe hätte für mich jeden Reiz verloren."

Franz Joseph war es nicht, der ihr unruhiges Herz ausfüllte, nach dem sie sich sehnen und verzehren konnte, der ihre tiefsten Wünsche befriedigte. Elisabeth liebte es, mit dem Gedanken zu spielen, dass es einer der anderen Männer sein könnte – vielleicht Nikolaus Esterházy? Oder Rudolf Liechtenstein? Gyula Andrássy war immer einen verführerischen Wunsch wert. Aber es blieben immer nur Gedankenspielereien ... Zumal Elisabeth schlagartig das Interesse an einem Bewunderer verlor, wenn er sich verheiratete. Rudolf Liechtenstein, der in späteren Jahren lange als Obersthofmeister des Kaisers fungierte, blieb zeitlebens unverheiratet. Vielleicht wegen Elisabeth? Um immer in ihrer Nähe bleiben zu können?

Eines Tages erlebte Franz Joseph eine Wandlung, die ihn fast wie ein Wunder berührte: Elisabeth gab das Reiten fast ganz auf. Unbenutzt von ihrer Herrin standen die Pferde nun verlassen im Stall. Plötzlich und ohne jeden Grund hatte sie den Mut zum Reiten verloren. Sie, die über jede Gefahr nur lachte, sah mit einem Mal in jeder Hecke eine Gefahr. Sie erlaubte auch Marie Valerie nie, ein Pferd zu besteigen. Nur noch selten sah man die schlanke Frau in dem eng anliegenden dunkelblauen Reitkostüm, das ihr so gut stand und in dem sie einfach entzückend aussah, sich zu einem kurzen, langsamen Ritt auf ein Pferd schwingen.

Nun verschaffte sich ihr Bewegungsdrang auf andere Weise Spielraum: Elisabeth ging spazieren, mehr und öfter denn je. Aber Spazieren ist ein viel zu gemütlicher Ausdruck dafür, was die Kaiserin mit zäher und schierer Lust an der Bewegung unternahm: Gewaltmärsche wäre schon ein treffenderes Wort. Von den Hofdamen, die nicht mit ihr Schritt halten konnten und außer Atem einfach am Wegesrand zurückblieben, außerdem alle paar Monate „ausgetauscht" werden mussten, war schon die Rede. Statt Parforceritten machte die Kaiserin also jetzt ausgedehnte Wanderungen von sechs, acht, ja zehn Stunden. Keine Ausflüge, sondern Dauerläufe ohne Rast und Pause. Wie ein gehetztes Wild eilte die Kaiserin durch die Wälder.

Franz Josephs Mund verzog sich schmerzlich, als er die Berichte der Geheimpolizei über die außergewöhnlichen Fußtouren der Kaiserin las. Wie blass und mager sie aussah, wenn sie von manchen Reisen zurückkehrte, bei denen sie sich eigentlich erholen sollte. Manchmal flackerte es in ihren Augen, zuckte es um ihre Mundwinkel. Oft war sie aufgeregt, lachte viel und ansteckend, dann wurde sie wieder schnell düster und ernst. Diese Stimmungsschwankungen waren charakteristisch für Elisabeth. Sie, die Unbeschäftigte, Unausgefüllte, lebte ein extremes Leben. Dem Kaiser war diese Frau immer wieder ein Rätsel.

KAPITEL 14

Der gelbe Domino

Die Maskenbälle im Wiener Musikverein, die am Faschingsdienstag stattfanden und „Redouten" hießen, gehörten zu den Höhepunkten der „Saison" der eleganten Gesellschaft Wiens. Für Damen waren sie besonders reizvoll, denn sie waren maskiert, während die Herren keine Maske trugen. Also konnten die Damen ungeniert „intrigieren", also die Männer, die ihnen gefielen, ansprechen.

Elisabeth, die es liebte, ihre kleinen Geheimnisse zu haben, hatte oft von diesen Redouten gehört. Zu schade, dass sie als Kaiserin nicht an solchen Vergnügungen teilnehmen dürfte. Da würde sie nicht angestarrt werden, da wäre sie völlig unbekannt. Aber was wäre, wenn ...? Einmal in Wien ganz inkognito zu einem Faschingsball zu gehen, das würde nicht einmal Franz Joseph erfahren.

Die Kaiserin ließ diese Idee nicht mehr los. Sie weihte ihre Vertraute und Freundin Ida Ferenczy in den verwegenen Plan ein, dann wurde er in die Tat umgesetzt. Sie legte eine Maske mit einem schwarzen Spitzenschleier an und einen kostbaren goldgelben Domino aus Brokat, während Ida sich als roter Domino verkleidete. Bei Nacht und Nebel schlichen sie beschwingt aus der Hofburg; es gelang ihnen, unbemerkt zum Haus des Musikvereins zu gelangen. Dort wurde seit den frühen Abendstunden zum Tanz aufgespielt, der große Saal war überfüllt, und nur auf der Galerie fand die Kaiserin mit ihrer Begleiterin einen freien Tisch.

Elisabeth war vorsichtig, denn viele Wiener kannten sie ja von Angesicht oder von Bildern, und auf dem Parkett tummelte sich mancher Graf. Wie gut, dass die Maske ihre Identität vollständig verbarg! Der Skandal wäre unvorstellbar, wenn sie hier „enttarnt" würde.

Elisabeth klopfte das Herz. Würde sie am Ende trotzdem jemand erkennen? Das würde furchtbar peinlich werden, und Franz Joseph wäre bestimmt nicht mit diesem Karnevalsausflug einverstanden. Dann blickte die Kaiserin auf ihre Hofdame und wurde ruhiger. Sie hatte ihr eingeschärft, sie auf keinen Fall mit „Majestät" anzureden, sondern nur mit „Gabriele".

Versonnen blickte Elisabeth auf das bunte, ausgelassene Treiben. Ein wunderbares Gefühl, endlich einmal für ein paar Stunden nicht die Kaiserin spielen zu müssen. Wenn die da unten wüssten, wer ihnen von der Galerie aus zusah!

Ida spürte, dass ihre Kaiserin sich allein fühlte, und hielt Ausschau nach einem geeigneten männlichen Objekt. Als sie einen entsprechenden Herrn erspäht hatte, ging sie von der Galerie hinunter ins Parkett und sprach einen jungen Mann an, der ohne Maske einsam an einer Säule stand. „Ich bin mit einer schönen Freundin hier", plauderte sie, „sie sitzt ganz einsam oben auf der Galerie und langweilt sich furchtbar. Möchtest du sie nicht einen Augenblick unterhalten?"

Die Sache begann dem jungen Mann – er hieß Fritz Pacher von Theinburg – Spaß zu machen. Als er „Gabriele" gegenüberstand, begann sie ihn auszufragen.

„Weißt du, ich bin hier ganz fremd. Sag, kennst du die Kaiserin?"

„Na klar", antwortete Fritz. „Welcher Wiener hätte noch nicht die Kaiserin gesehen, diese wunderbare, schöne Frau. Wenn sie sich nur öfters sehen ließe und nicht dauernd mit ihren Pferden und Hunden beschäftigt wäre ..."

Plötzlich stutzte er, warf dem gelben Domino einen aufmerksamen Blick zu. Hatte diese Frau nicht die gleiche Figur wie die Kaiserin? Unsinn, sagte er sich, wenn es wirklich die Kaiserin sein sollte, dann wird sie mich nicht so direkt nach sich selbst fragen. Vielleicht ist es irgendeine Hofdame, die mich über ihre Herrin ausforschen will.

Elisabeth liebte diese romantische Situation, flirtete ungeniert mit Fritz Pacher, der zunehmend irritierter wurde. In einer Loge bat er sie, die Maske zu lüften, was energisch abgelehnt wurde. Auch ihr wenigstens einen Handschuh auszuziehen, um die Hand zu küssen, gelang ihm nicht.

„Du darfst mich in den Saal hinunterführen", sagte Elisabeth, nachdem sie sich eine Weile miteinander unterhalten hatten.

Es klang fast wie ein Befehl. Eine merkwürdige Frau, dachte Fritz. Er bereute es nicht, noch nie hatte er bei einem Fest mit einer Frau gesprochen, die so launisch war und witzig unterhalten konnte. Er fühlte es förmlich, wie sie ihn in die Schranken wies. Er wagte es nicht, einen leichtfertigen Witz zu erzählen, wie es im Fasching üblich ist.

Es war aufregend, am Arm des gelben Dominos durch den Saal zu gehen. Erregend, aber auch ein bisschen unheimlich. Solch ein Aufsehen machte der wiegende, federnde Gang der Frau neben ihm. Zwei Stunden zogen sie Arm in Arm, plaudernd und kokettierend, durch den großen Saal und die Nebenräume. Verwirrt nahm Fritz die stolze Haltung seiner Begleiterin wahr, ihre großartige Figur, aber auch dass ihre Hand auf seinem Arm zitterte. Offenbar war sie es nicht gewohnt, im Menschengewühl angestoßen zu werden.

Elisabeth schien die manchmal aufdringlichen Blicke nicht zu bemerken. Nur einmal zuckte sie zusammen. Das war doch Graf Nikolaus Esterházy, ihr Begleiter bei so mancher Fuchsjagd in Gödöllö. Warum musterte er den gelben Domino so eindringlich und lächelte dabei? Elisabeths Herz klopfte. Sollte er sie erkannt haben?

Rasch zog sie ihren Begleiter fort. Sie plauderten übers Tanzen und Essen, aber auch über Politik und Poesie. Sie stellten fest, dass sie den gleichen Lieblingsdichter hatten: Heinrich Heine. Fritz erzählte ihr, dass er Beamter in einem Ministerium sei und sich dort langweile.

„Ich langweile mich auch", sagte der Domino, „aber auf ganz andere Art." Schließlich ließ sie sich hinreißen, ihn zu fragen: „Für wie alt hältst du mich?"

Fritz Pacher musste es wagen und antwortete keck: „Du bist sechsunddreißig Jahre alt."

Er hatte ihr genaues Alter erraten. „Du bist wenig galant", flüsterte Elisabeth erschrocken und zog sich für einen Moment von ihm zurück, wurde kühl und einsilbig.

„Etwas Großes bist du gewiss", entgegnete ihr der Kavalier, „eine ganz große Dame, vielleicht sogar eine Fürstin, eine Königin. Wo lebst du?" Inzwischen war er sich fast sicher, dass es die Kaiserin war, die ihm für einen Abend ihre Aufmerksamkeit schenkte.

Der Domino lachte hell auf, wohl auch etwas verlegen. „Vielleicht erfährst du's noch sehr bald. Ich habe keine Adresse, ich bin mal hier, mal dort. Aber ich schreibe dir. Gibst du mir deine Anschrift?"

Fritz Pacher gab sie „Gabriele". Er blieb die ganze Nacht über ein schüchterner und auch etwas verliebter Kavalier. Auch Elisabeth genoss die ungewohnte, erotisch prickelnde Situation. Erst beim Abschied packte Fritz Pacher der Mut der Verzweiflung. Er musste einfach Gewissheit haben, wer sich unter der Maske verbarg. Er öffnete ihnen die Wagentür, und der gelbe und der rote Domino stiegen in den Fiaker. Plötzlich erklärte er: „Ich möchte aber endlich wissen, mit wem ich den ganzen Abend über gesprochen habe!" Und entschlossen versuchte er, dem gelben Domino die Maske vom Gesicht zu reißen. Doch der rote Domino war schneller; Ida warf sich zwischen die beiden und verhinderte die Enttarnung. Mit einem Ruck fuhr der Fiaker an, wenige Sekunden später war er im Dunkel der Nacht verschwunden.

Welch romantisches Abenteuer! Elisabeth atmete auf, und auch Ida war froh, alles glücklich überstanden zu haben.

Die Kaiserin hielt übrigens Wort: Ein paar Tage später bereits erhielt Fritz einen anonymen Brief in verstellter Schrift mit sehr selbstbewussten, schwärmerischen Erinnerungen an die Faschingsnacht: „Lieber Freund! Ich benütze die kurzen Augenblicke meines Aufenthaltes hier, um Ihnen das versprochene Lebenszeichen zu geben. Und wie sehnsüchtig haben Sie es erwartet. Ich weiß, was seit jener Nacht in Ihnen vorgeht. Mit tausend Frauen und Mädchen haben Sie schon gesprochen, sich auch zu unterhalten geglaubt, aber Ihr Geist traf nie auf die verwandte Seele. Endlich haben Sie im bunten Traum das gefunden, was Sie jahrelang suchten, um es für ewig vielleicht wieder zu verlieren ...“

Der junge Wiener Ministerialbeamte traf die Kaiserin nie wieder.

KAPITEL 15

Fieberhafte Unruhe

Elisabeth war nicht ganz unschuldig daran, dass man so viel über sie klatschte und tratschte. Wenn sie nur die schönste Frau gewesen wäre, die auf einem europäischen Thron saß, doch sie war außerdem die unruhigste und unberechenbarste von allen Regentinnen, die Fürstin, die meistens „auf Reisen" war, wie es lakonisch in manchen Hofberichten hieß.

Geradezu unheimlich war die Reiselust Elisabeths, mehr ein Reise*fieber* als eine Lust. Sie hielt es nie lange an einem Ort aus, ja es war ihr verdächtig, wenn es ihr irgendwo zu gut gefiel. Und sie musste auf den meisten Reisen ohne ihren Mann auskommen: Der Kaiser saß vom Morgengrauen bis in den späten Abend am Schreibtisch festgeschmiedet und verließ Wien nur im äußersten Fall und wenn es wirklich unumgänglich war. So konnte leicht der Eindruck entstehen, dass die Kaiserin vor ihrem Gemahl geradezu flüchtete.

Es fiel Franz Joseph schwer, seine Frau so zu nehmen, wie sie war: ein großes Kind. Das Mädchenhafte, das Verspielte hat Elisabeth nie abgelegt. Sie ist nie wirklich erwachsen geworden. Immer hatte sie Träume und Ideen, verlor sie sich in ihren Fantasien.

Franz Joseph quittierte die Unruhe seiner Frau mit ungläubigem Staunen. Immer diese „Wolkenkraxeleien"! Er konnte sie einfach nicht verstehen. Wie gerne hätte er sie immer um sich gehabt, er hätte sich viel weniger einsam gefühlt. Seine Briefe folgten ihr, wohin sie auch reiste, rührende Bitten, seiner Liebe zu vertrauen, ihn nicht zu vergessen, doch bald zurückzukehren. Dabei hatte Franz Joseph durchaus immer wieder erotische Abenteuer mit anderen Frauen. Aber die tiefe innere Zuneigung zu Elisabeth, die blieb ein Leben lang.

Sie war fast immer unterwegs, saß nie lange still. Wann immer es ging – und es ging fast immer, kein Wetter schreckte sie ab – begab sie sich auf ausgedehnte Wanderungen, am liebsten in die Berge, die sie ungeheuer faszinierten. Jeden Tag brach die Kaiserin zu stundenlangen Expeditionen auf. Andere fühlen sich verloren auf diesen Höhen, sie aber atmete am freiesten auf den einsamsten und höchsten Berggipfeln. Sie achtete gar nicht darauf, wie viel Meter hoch sie stieg und ob die keuchenden Hofdamen ihr folgen konnten. Sie war ebenso rücksichtslos wie ehrgeizig, höher, immer nur höher. Das Steigen, die Bewegung nach oben, erschien ihr anziehender als jeder noch so hohe, erreichte Gipfel. Für sie war die Spitze kein Ziel, sondern ein Hindernis wie die Hürde beim Reiten.

Aber nicht nur auf den Bergen, vor allem auf dem Meer wurde ihr Atem weiter. Ihr eigentliches Zuhause sah sie auf dem Wasser, überhaupt im Kontakt mit den wilden, unzähmbaren Naturelementen. Einmal sagte sie, sie wolle nicht in einem Bett sterben, sondern im Wasser, auf einem Schiff. Das Wasser sei ihr Element, ihr bester Freund. Alle wurden seekrank, nur sie nicht. Sie war wie ein Sturmvogel. Je toller der Orkan tobte, umso ausgelassener wurde sie. Gab es einen wunderbareren Anblick als den des vom Sturm aufgewühlten Meeres? Jedes Mal, wenn eine der zornigen Wellen über Deck schlug, wollte sie aufjauchzen und sich ihr entgegenwerfen.

Manchmal blieb sie bei heftigen Stürmen an Deck, und während sich alles in Sicherheit brachte, ließ sie sich an einen Mast binden und setzte sich den tobenden Winden aus, genoss den Anblick der rasenden Elemente. Sie bewegte sich im Rhythmus des Wellenschlages. Sie fühlte keinerlei Angst, wenn es stürmte. Sie liebte es, von dem Gefühl ergriffen zu werden, selbst eine schäumende Woge zu sein.

Wozu setzte sie ihr Leben mutwillig solchen Gefahren aus? Elisabeth war eine Frau, die ohne Angst und vollkommen furchtlos war.

In vielen Dingen war die Kaiserin rührend naiv und unbekümmert, gab sie gedankenlos ihren Launen nach. Sie hatte nicht den geringsten Begriff vom Wert des Geldes, vergeudete auf ihren Reisen Tausende und Abertausende für die überflüssigsten Dinge, die von Franz Joseph anstandslos bezahlt wurden. Am Hof schüttelte man den Kopf über die Großzügigkeit Franz Josephs, wenn es sich um Elisabeths Reiseausgaben handelte. Der sonst so sparsame Kaiser wies die Hofkasse an, seiner Gemahlin fünfzigtausend Gulden im Monat und mehr auszuzahlen, als sei dies das Selbstverständlichste von der Welt. Es war wohl so: Wenn Elisabeth nicht die unerschöpfliche Kasse des Hauses Habsburg zur nahezu unbeschränkten Verfügung gehabt hätte, wäre sie aus den Schulden ihr Leben lang nicht herausgekommen. Sie kümmerte sich einfach nicht darum, dass Reisen und Pferde recht kostspielige Passionen sind, vor allem, wenn man standesgemäß als Kaiserin mit einem Hofstaat von Dutzenden von Damen, Herren und einer großen Dienerschaft reisen muss.

Der Kaiser war der großzügigste Gemahl, den man sich denken konnte. In dieser Hinsicht hatte Elisabeth mit ihm wirklich Glück gehabt. Man wusste oft nicht, ob man ihn mehr bewundern oder bedauern sollte. Franz Joseph war kein Freund von Reformen, Veränderungen in der Politik und Neuerungen in der Familie. Elisabeth war nun einmal eine so seltsame, unruhige Frau. Was sollte, was könnte er daran ändern? Er hatte sich mit diesen unabänderlichen Eigenschaften seiner Lebensgefährtin abzufinden. Und was nützte

Franz Joseph und Elisabeth Ende der sechziger Jahre

es, sich dagegen aufzulehnen? Er empfand es einfach wie Schicksal.

Aber der Kaiser fühlte auch den Schmerz und die nicht geringe Peinlichkeit, als Mann in den immerhin besten Jahren so viele Monate im Jahr allein gelassen zu werden. Oder tröstete er sich am Ende doch mit irgendeiner hübschen Dame, während Elisabeth irgendwo in England oder an der Adria die Pferde beim Reiten ebenso strapazierte wie ihre Begleitung bei ihren stundenlangen Wanderungen? Nach außen hin stimmte die Fassade: Franz Joseph, dieser erste und höchste Bürger der lebenslustigen Stadt der Walzer, Operetten und leichten Lieder, schien erschreckend solide zu leben.

Die Kaiserin wäre bei den Wienern sicherlich beliebter

gewesen, wenn sie nicht so oft auf Reisen gewesen wäre. Aber es lag ihr wenig daran, populär zu sein. Sie mied größere Ansammlungen von Menschen, wo und wann immer es ging. Sie konnte gar nicht weit genug von Wien weg sein. Es machte ihr die größte Freude, die Länder vom Schiffsdeck aus zu betrachten. Auf ihrer mit Blumen geschmückten Yacht „Miramare" kreuzte sie durch das Mittelmeer und den Atlantik. Eisenbahnfahren mochte sie nicht so sehr, obwohl ihr ein Sonderzug mit einem äußerst bequemen Salonwagen zur Verfügung stand. Nein, am liebsten war sie auf ihrem Schiff. Oft sah man sie allein oder nur in Begleitung einer Hofdame in dem großen, runden Glaspavillon sitzen, von dem aus sie nach allen Seiten über das blau schimmernde Meer und die im grellen Sonnenlicht glitzernden Wellen blicken konnte.

Sie lächelte glücklich und sagte: „Ach, wenn ich doch niemals mehr an Land zu gehen brauchte; selbst die reizvollste Landschaft kann mich nicht dazu verführen. Das Leben auf dem Schiffe ist viel schöner als jedes Ufer. Die Reiseziele sind nur deswegen begehrenswert, weil die Reise dazwischenliegt. Wenn ich irgendwo angekommen wäre und wüsste, dass ich mich nie mehr entfernen könnte, würde mir der Aufenthalt selbst in einem Paradies zur Hölle. Der Gedanke, einen Ort bald verlassen zu müssen, rührt mich und lässt mich ihn lieben."

Kapitel 16

Ludwig, der seltsame Freund

Die Freundschaft zu ihrem Cousin Ludwig war für Elisabeth spannend und verwirrend zugleich. Ein ungewöhnlicher, schwer verständlicher Charakter war Ludwig schon immer gewesen. Von klein auf wurde dem Buben eingehämmert, dass er der künftige König von Bayern sei und dass er dem Geschlecht der Wittelsbacher angehöre, aus dem drei Kaiser hervorgegangen seien. Bei dieser Erziehung war es kein Wunder, dass der Zwölfjährige seinen jüngeren Bruder zu Boden warf, ihm sein Taschentuch in den Mund stopfte und rief: „Du bist mein Untertan! Du sollst mir gehorchen! Ich werde einmal dein König sein!" Erst als Prinz Otto zu ersticken drohte, ließ Ludwig von ihm ab.

Nach dem Tod seines Vaters, als Ludwig mit achtzehn Jahren König wurde, jubelten die Bayern. Nicht nur die jungen Damen der Hauptstadt schwärmten von dem „Märchenprinzen". Noch nie hatte auf Bayerns Thron ein Mann gesessen, der so schön war. Von einem König mit so feinen, ebenmäßigen Gesichtszügen, so hellen, strahlenden Augen und einer von so schwungvollen, dunklen Locken geschmückten Stirn erwarteten sie nur Gutes.

Nur zu bald stellte der junge König fest, dass Regieren eine höchst ermüdende und zeitraubende Beschäftigung ist. Er fand das Sitzen am Schreibtisch und das Aktenstudium einfach „fad". Damit mochten sich Minister und Bürokraten abmühen, für ihn war das nichts. Er, der König, hatte „höhere Interessen".

Ludwig sah nicht nur aus wie ein Künstler, er lebte auch in einer Welt des Traumes und der Fantasie. Er flüchtete sich in die Kunst, bewunderte die Werke des Komponisten Richard Wagner, dessen Opern germanische Helden und Ritter zu neuem Leben erweckten. Als der König hörte, dass es Wagner so schlecht ginge wie noch nie in seinem Leben, die Bühnen die Aufführung seiner Werke ablehnten, der Komponist bis über beide Ohren in Schulden steckte und die immer zudringlicher werdenden Gläubiger ihn zwangen, Wien fluchtartig zu verlassen, reagierte Ludwig sofort. Er lud Wagner ein, nach München an seinen Hof zu kommen.

Zwischen diesen beiden Enthusiasten entwickelte sich die wohl intensivste Freundschaft, die jemals zwischen einem König und einem Künstler bestanden hat. Beide lebten sie in einer Rauschwelt, auch ihre schwärmerische Freundschaft überstieg jedes Maß. Doch sie stieß auf massive Proteste in der Bevölkerung: Man nahm es dem König sehr übel, dass er die Regierungsgeschäfte allenfalls im Eiltempo in ein paar Morgenstunden erledigte und ansonsten nur noch seinen für das Volk so kostspieligen Träumen aus Wagners Welt lebte. Schließlich musste er den Komponisten bitten, München wieder zu verlassen.

Ludwig war nicht nur König, er fühlte sich auch so – im Traum und in seinen fantastisch ausgestatteten Prunkschlössern. Mitten in der romantischen Waldlandschaft der Allgäuer Berge ließt Ludwig seine „Gralsburg" errichten: Schloss Neuschwanstein. Fern von München mit seinen politischen Intriganten lebte er hier als Parsifal und Siegfried in der Felsenburg mit ihrem weiten Ritter- und Thronsaal und den schlanken, vom Bergwind umwehten Erkertürmen. Tausende von Kerzen erleuchteten den „Minnesängersaal", aber nur einer durchschritt ihn: der König. Ebenso wie er zu manchen Aufführungen von Wagners Opern keinen Menschen zuließ und allein in der Loge saß, wollte er auch in seiner Ritterburg ungestört seinen Träumen nachhängen. Die Diener hatten unsichtbar zu sein, stumm und unauffällig in einer Ecke auf den gnädigen Wink des Herrschers zu warten. Mit verzücktem Blick betrachtete Ludwig das von einem Feuerwerk magisch und gespenstisch aus dem Dunkel hervorleuchtende Burgkastell. Manchmal ließ er sich nachts in einem goldenen Schlitten durch die verschneite Winterlandschaft fahren oder ruderte in der „Blauen Grotte" von Schloss Linderhof in einem blumengeschmückten Kahn als gespenstischer Gondoliere.

Die Bayern waren von den Wittelsbachern einiges gewohnt. Sie hätten auch Ludwig seine Passion für Ritterburgen und Lustschlösser verziehen – wenn diese Wunderbauten nicht gar so teuer gewesen wären.

Zuweilen besuchte ihn in seiner Traumwelt eine Frau, die genauso wenig den Wert des Geldes kannte wie er: seine kaiserliche Cousine Elisabeth. Sie trafen sich auf der Roseninsel im Starnberger See. Kein Mensch außer den Gärtnern durfte diese kleine Insel betreten, auf der fünfzehntausend Rosenstöcke wuchsen. Wenn die Kaiserin bei ihren Eltern auf Schloss Possenhofen oder – wie jeden Sommer – im benachbarten Feldafing zu Gast war, holte Ludwig sie mit seiner weißen Yacht „Tristan" ab und legte an der von alten Bäumen dicht umschlossenen Insel an. Dann tat sich vor ihren Blicken das Rosenparadies auf: Blüten in reinem Weiß, glühendem Rot und goldenem Gelb. Ein schwüler, süßer Duft berauschte die Sinne.

Sie schrieben sich gegenseitig Gedichte, korrespondierten mit Codenamen: der „Adler" an die „Möwe". Und wenn sie den anderen einmal nicht antrafen, deponierten sie geheime Nachrichten im Sekretär der kleinen Villa auf der Insel.

Doch obwohl sich Elisabeth zweifellos zu Ludwig hingezogen fühlte, war ihr der königliche Cousin doch immer etwas befremdlich. Sie erkannte deutlich, dass Ludwig von allen ihren Verwandten vielleicht der war, welcher ihr am meisten ähnelte. Beide liebten sie die Kunst, die Schönheit, die Einsamkeit. Beide waren sie von der gleichen rätselhaften Schwermut und inneren Rastlosigkeit besessen.

Eine Mischung aus Bewunderung und Irritation kennzeichnete die Beziehung zwischen Elisabeth und Ludwig. Wie überschwänglich waren die Briefe, die er ihr schrieb, als sei sie seine Geliebte. Dabei hatte sie mit ihm nur ein paar Stunden zugebracht. Und als unangenehm empfand sie, die Menschenscheue, wenn er seine Aufenthalte bei ihr in Possenhofen ungebührlich lange ausdehnte. Dann wurde ihr seine Anhänglichkeit rasch lästig, ja unheimlich.

Was jedoch Elisabeth mit Angst erfüllte, war, dass Ludwig noch viel unbändiger und maßloser war als sie selbst. Manchmal konnte sie die Befürchtung, selbst verrückt zu werden, kaum abschütteln. Doch widersprach sie jedem, der ahnungsvoll Ludwigs Verhalten als „wahnsinnig" abzustempeln versuchte.

Irritiert war Elisabeth über die ersten Anzeichen eines seelischen Leidens, die in Ludwigs Augen flackerten, sie spürte sie wie ein Seismograf. Völlig überrascht war sie jedoch über eine Nachricht, die sie noch mehr beunruhigte als die brieflichen Geständnisse seiner Schwärmerei: Er teilte ihr seine Verlobung mit Prinzessin Sophie in Bayern mit. Und Sophie war Elisabeths zehn Jahre jüngere Schwester.

Überstürzt, bedenkenlos wie manche Handlungen Ludwigs erfolgte auch seine Verlobung. Wider Erwarten nahm der sonst so gesellschaftsfeindliche König an einem Hofball teil. Er war an diesem Abend ausnahmsweise heiter und lustig aufgelegt und besonders charmant war er zu seiner Cousine Sophie. Man wusste, dass der König sie mehr mochte als seine anderen weiblichen Verwandten, denn das musikbegabte Mädchen hatte ihm bereits mehrere Male in kleinen Gesellschaften Kompositionen seines verehrten Meisters Richard Wagner vorgespielt.

Und dann geschah das Unerwartete. Am anderen Morgen um sechs Uhr früh fragte er seine Mutter Maria, um acht Uhr seinen Onkel Max um Erlaubnis, sich mit Sophie zu verloben. Die Prinzessin war im Augenblick mehr bestürzt als erfreut, aber da gab es keinen Widerspruch. Ludovika fragte sich allerdings, ob ihre Tochter wohl die richtige Frau für Ludwig sei. Sophie war bestimmt eine anmutige Erscheinung, aber dem heiter-sinnlichen Ausdruck ihres Gesichts fehlte jener hintergründige, schwermütige Zug, der den Zauber Elisabeths ausmachte und der Ludwig so beeindruckte.

Immerhin, der königliche Bräutigam schien es ernst zu meinen. Er bestellte eine mit massivem Gold beschlagene Hochzeitskutsche, welche die „Kleinigkeit" von einer Million Gulden kostete. Er ließ Münzen mit Bildnissen des künftigen Königspaares prägen. Ludwig nahm sogar persönlich an der Anprobe der goldenen Krone teil, die seine Braut am Hochzeitstag schmücken sollte. Doch plötzlich, als sie vor den Spiegel trat, lachte er grell und höhnisch auf. So erschreckend klang dieses Lachen, dass Sophie von einem Weinkrampf geschüttelt wurde und ihren Hofdamen zuflüsterte: „Er liebt mich nicht! Er spielt nur mit mir!"

Ludwigs Verhalten nahm immer groteskere Züge an. Mitten in der Nacht fuhr er nach Schloss Possenhofen, ließ Sophie wecken und verabschiedete sich nach einer überstürzten Begrüßung sofort wieder. Mit seiner silbernen Kutsche fuhr er stets fast nur zur Nachtstunde vor dem herzoglichen Schloss vor und brachte Blumensträuße für seine Braut.

Sophie war alarmiert. Und ihre schlimmsten Befürchtungen bestätigten sich. Ohne triftigen Grund bat Ludwig um Aufschub der Hochzeit, zu der bereits Einladungen verschickt worden waren. Doch als er den Heiratstermin nochmals verschieben wollte, platzte Herzog Max der Kragen. Er teilte dem König mit, „da es sich nicht länger mit Sophies Ehre vertrage, er den König bitten müsse, entweder den Termin einzuhalten oder das Verlangen um Sophies Hand als ungeschehen betrachten zu wollen".

Die Antwort traf schnell ein. Sophie erhielt einen kurzen Brief, in dem Ludwig mit hastigen Schriftzügen hingekritzelt hatte: „Deine Eltern wünschen unsere Verlobung zu lösen und ich nehme das Anerbieten an." Es war der schlimmste, erniedrigendste Augenblick in Sophies jungem Leben. Mit dem Brief in den Händen brach sie ohnmächtig zusammen. Erst später fühlte sie Erleichterung, dass aus der Hochzeit mit dem König nichts geworden war.

Ludwig notierte in seinem Tagebuch: „Sophie abgeschrieben. Das düstere Bild verweht. Nach Freiheit verlange ich."

Die entsetzten Diener hörten Ludwig an diesem Tag laute Jubelrufe ausstoßen und sahen, wie er in seinem Zimmer Freudentänze aufführte. Er verbrannte kurzerhand die Briefe seiner Braut und schleuderte voll rasender Freude die Hochzeitsgeschenke zum Fenster hinaus. Die wundervollen Gefäße aus Kristall, Gold und Silber lagen in wenigen Minuten alle zerbeult und zerbrochen auf dem Schlosshof, und als letztes Andenken an diese merkwürdigste aller Brautschaften warf der König die Marmorbüste seiner Verlobten in weitem Schwung aus dem Fenster.

Wenn er gedacht hatte, mit diesem Verhalten bei Elisabeth Eindruck zu machen, hatte sich der König getäuscht. In München und Wien gab es einen Sturm der Entrüstung. In Possenhofen durfte der Name Ludwigs nicht mehr ausgesprochen werden. Und Elisabeth, die sich selbst so oft nach Freiheit von den Ehefesseln sehnte, war erbost. „Ich begreife nur nicht", schrieb sie ihrer Mutter, „wie er sich in München überhaupt noch nach allem, was vorgefallen, sehen lassen kann. Glücklich hätte Sophie mit so einem Mann nicht werden können."

Die Freundschaft zwischen Ludwig und Elisabeth erhielt einen Knacks. Bisher hatte die Kaiserin ihren Cousin geistreich und amüsant gefunden. Zwar hatte sie sich von ihm manchmal auch arg genervt gefühlt, aber sie schwangen doch auf einer Wellenlänge. Nun trat für längere Zeit Funkstille zwischen den beiden ein.

Immer seltener ließ Ludwig sich in München blicken. Ein krankhafter Verfolgungswahn befiel ihn. Hinter jedem Menschen vermutete er einen Attentäter. Einsam und seelisch zerrüttet lebte er auf seinen Schlössern. Der einst so schöne Mann verfiel immer mehr, wurde von Tag zu Tag aufgeschwemmter. Man erzählte sich kaum glaubliche Geschichten über ihn. Und wenn man all diesen Berichten aus der Umgebung Ludwigs trauen wollte, gab es keinen Zweifel mehr: Der König musste dem Wahnsinn verfallen sein. Und er drohte Bayern mit seinen kostspieligen Bauten in den Ruin zu treiben.

Vier Ärzte fertigten auf Anordnung des Prinzregenten und der Minister ein Gutachten über den Geisteszustand Ludwigs an – ohne den Patienten überhaupt zu untersuchen. Sie verließen sich einfach auf die Aussagen von Lakaien und Stallknechten. Keiner der Mediziner bekam den König zu Gesicht, den sie kurzerhand für unheilbar geisteskrank und unfähig zur weiteren Ausübung der Regierung erklärten.

Am meisten erschütterte Ludwig die Mitteilung, dass er abgesetzt sei. „Das überlebe ich nicht", versicherte er auf der Fahrt nach Schloss Berg, das ihm zum Asyl bestimmt war, begleitet von Doktor von Gudden.

Der Arzt hatte vielleicht Mitleid mit seinem Patienten, womöglich wollte er Ludwig durch ein unverfängliches Gespräch auf einem Spaziergang bei Laune halten. Jedenfalls schickte er eines Abends die Wärter zurück, die ihn und Ludwig begleiten wollten. Die Wärter sahen noch, wie der König und sein Begleiter in angeregtem Geplauder zum Starnberger

125

See hinuntergingen. Von diesem Spaziergang kehrten die beiden nicht zurück. Noch in der gleichen Nacht wurden ihre Leichen im See, ganz nahe am Ufer, aufgefunden. Nur wenige Meter voneinander entfernt lagen sie im seichten Wasser. Blaue Flecken, Schrammen, Kratzwunden – alles deutete darauf hin, dass zwischen dem Doktor und Ludwig ein heftiger Kampf stattgefunden haben musste. Befreiungsversuch? Selbstmord? Es wurde nie geklärt.

Ausgerechnet in diesen unheilvollen Pfingsttagen des Jahres 1886 hielt Elisabeth sich am anderen Ufer des Starnberger Sees auf. Sie war bei ihren Eltern zu Besuch und hatte mit Erschütterung von den Wahnsinnsanfällen ihres Cousins und von seiner Absetzung gehört. „Ludwig ist nicht wahnsinnig", erklärte Elisabeth ihrer Mutter erregt.

Als die tränenüberströmte Gisela ihrer Mutter die furchtbare Nachricht überbrachte, dass Ludwig auf so rätselhafte, tragische Art ganz in ihrer Nähe den Tod gefunden hatte, war Elisabeth völlig fassungslos vor Schmerz. Sie warf sich zu Boden und stammelte ein Gebet. Erschüttert stand sie wieder auf und sagte: „Ich wollte nur in Reue und Demut Gott für meine rebellischen Gedanken um Verzeihung bitten. Ich habe mir meinen Verstand wund gedacht über die unergründlichen Ratschlüsse Gottes."

Verständlich, dass dieser Tod und die ihn begleitenden makabren, bis heute nicht ganz geklärten Umstände Elisabeth in solcher Weise erschütterten. Noch nie hatte Ludovika ihre Tochter so zornig und weiß vor Wut gesehen. Mit schärfsten Worten verurteilte Elisabeth das Vorgehen des Prinzen Luitpold und der Minister gegen Ludwig: „Der König war kein Narr, nur ein in Ideenwelten lebender Sonderling. Man hätte ihn mit mehr Schonung behandeln und dadurch vielleicht ein so grässliches Ende verhüten können."

Mit bebender Stimme fügte Elisabeth hinzu: „Ermordet hat man ihn, in den Tod gehetzt! Diese feige Bande!"

KAPITEL 17

Das leere Nest

Schon mit fünfunddreißig Jahren wurde Elisabeth Großmutter. Im April 1873 hatte ihre älteste Tochter Gisela den Prinzen Leopold von Bayern geheiratet. Die Kaiserin stellte die erst sechzehnjährige Gisela mühelos in den Schatten, man hätte die Mama leicht für die Braut halten können. Trotzdem bedeutete es einen Schock für die in ihre Schönheit und Jugend verliebte Sisi, nun eine verheiratete Tochter zu haben. Das erste Kind, das Gisela bekam, war ein Mädchen. Das erste Enkel- und Patenkind der Kaiserin erhielt – natürlich – den Namen Elisabeth.

Und Rudolf? Der Kronprinz war schon als Bub das, was man früher einen „schwierigen Sohn" nannte. Elisabeth hatte ihre Not mit der Armee von Erziehern, die im Laufe der Jahre auf Rudolf losgelassen wurde; über fünfzig Lehrer waren es schließlich. Am Kaiserhof zu Wien wurde entschieden zu viel des Guten getan. Vielleicht aus schlechtem Gewissen, dass man Rudolf weitgehend allein ließ? Bereits der Lehrplan, durch den der Junge vom frühen Morgen bis in die Nachtstunden gehetzt wurde, war beängstigend. Von der Geschichte der Balkanstaaten bis zum Fechten und Tanzen wurde nichts ausgelassen, was ein Wiener Kronprinz nun mal wissen und können musste. „Gedanken aller Art streichen durch meinen Kopf", erklärte Rudolf. „Es sieht wüst drinnen aus, ist ein Gedanken draußen, kommt der andere hinein, jeder beschäftigt mich, jeder sagt mir was anderes."

Am wenigsten gefiel Elisabeth, dass ihr Sohn bereits mit zwölf Jahren ein fanatischer Jäger war – die einzige Betätigung übrigens, über die er sich mit seinem Vater verständigen konnte. Kein Kaninchen, kein Vogel war vor dem Kronprinzen sicher, der in seiner freien Zeit dauernd mit dem Gewehr herumlief. Marie Valerie, das „Mutzerl", vergoss oft Tränen, wenn Rudolf vor ihren Augen Singvögel abschoss. Er schien geradezu Freude daran zu haben, das Blut der kleinen Tiere spritzen zu sehen. Seine Augen funkelten, und der Knabe hielt diese „Jagden" in kleinen, geschickten Skizzen fest.

Rudolf hat viel Verstand, dachte Elisabeth oft bekümmert, aber was geht wirklich in ihm vor? Sie empfand fast ein wenig Angst vor dem Buben, der so leicht aufbrauste und die Erwachsenen mit kalten, verächtlichen Blicken ansah. Elisabeths Bruder Carl Theodor, der oft mit dem Kronprinzen zusammen war, schrieb über ihn: „Er ist ohne Zweifel sehr bedeutend, doch nicht so sehr, wie er selbst glaubt. Er hat etwas zu wenig Herz. Die Umgebung Rudolfs hat seine Anlagen erstickt und ihn zu einem manchmal geradezu unsympathischen, ja unheimlichen Menschen gemacht."

Rudolf hatte vielleicht ein kaltes Herz, aber sehr warme, wache Sinne. Und er lebte in einer Stadt, in der man das Leben nach Herzenslust genoss, wenn man jung war und Geld hatte. Nur zu gern verirrten sich die jungen Grafen und Barone vom Wiener Hof in die verschwiegenen kleinen Lokale in den Gässchen am Stephansdom sowie in die Gaststätten im Prater. Manche kleine Verkäuferin oder Wäscherin, manches Mädchen vom Ballett hatte einen Liebsten, der im „Gotha", dem Adelsverzeichnis, stand und im Besitz von so vielen Titeln und Ahnen war, dass er sie selbst nicht auswendig wusste.

Auch Rudolf war jung und lebenshungrig und er hatte noch mehr Geld als die meisten Herren jener Kreise, die sich ein wenig hochmütig die „Wiener Gesellschaft" nannten.

Weihnachtsabend in der Hofburg, 1887: das Kaiserpaar mit dem Kronprinzenpaar, Marie Valerie und der kleinen Erzsi

Aber er war Kronprinz und Sohn eines Kaisers, der sehr genau auf die jüngeren Herren des Hauses Habsburg aufpasste. Franz Joseph tat es nicht selbst, dazu hatte er seine Leute, die eifrigen, diskreten Beamten der Geheimpolizei, die sich diebisch freuten, wenn sie der kaiserlichen Kanzlei einen pikanten Bericht über die neuesten Abenteuer eines jungen Grafen oder gar des Kronprinzen liefern konnten.

Ja, auch über den Sohn des Kaisers gab es ein ganzes Aktenbündel solcher Berichte. Da war genau verzeichnet, dass Seine Kaiserliche Hoheit sich um acht Uhr am Esterházy-Park mit einer blonden Dame getroffen hatte, dann in einer Kutsche bis zu einem Haus in der Wienzeile gefahren war, das Hoheit erst kurz vor Mitternacht verlassen hatte.

Die Geheimpolizisten Seiner Majestät hatten es schon schwer. Sie mussten zum Beispiel stundenlang vor dem Trakt der Hofburg stehen, in dem der Kronprinz wohnte, und warten, bis eine gewisse Dame in schwarzem Pelz aus dem Tor heraushuschte. Gespannt sahen sie zu den Zimmern Rudolfs hinauf. Ein verständnisvolles Lächeln huschte über ihre Gesichter, wenn das Licht im Salon des Thronfolgers ausging und dafür das Schlafzimmerfenster hell aufleuchtete. Auch diese Zeit des Lichtwechsels wurde in den polizeilichen Notizblöcken notiert.

Und sie seufzten auf, wenn schließlich auch das Licht im Schlafzimmer ausging, ohne dass eine weibliche Gestalt gleich darauf am Ausgang erschien. Dann wussten sie, dass sie „Nachtschicht" hatten, dass sie stundenlang vor der Hofburg ausharren mussten.

Und die Damen? Sie flatterten um den Kronprinzen, als sei er eine magische Lichtquelle. War es nicht auch eine Ehre, von Seiner Kaiserlichen Hoheit in die Arme geschlossen zu werden, zu einem leibhaftigen Sohn des Kaisers „du" und „Rudi" sagen zu dürfen? Einen echten Kronprinzen durfte man küssen, und Rudolf war gut gewachsen und elegant, sah fesch aus wie ein Leutnant.

Kaiser Franz Joseph lächelte über den rührenden Eifer seiner Beamten, die sogar genau die Zahl der Gläser Wein angaben, die Rudolf in Gesellschaft einer gewissen Claire oder Charlotte in einem Separée des „Sacher" konsumiert hatte. Doch mit der Zeit fiel ihm dieser Umgang mit einer Unzahl von Baronessen und Komtessen auf die Nerven. Als Rudolf einundzwanzig Jahre alt war, dachte der Kaiser: Höchste Zeit, dass er heiratet, ich weiß auch schon, wen …

Die Auswahl war nicht allzu groß, denn seine Schwiegertochter hatte wenigstens drei Bedingungen zu erfüllen: Sie musste königlicher Abstammung sein, der katholischen Kirche angehören und aus einem Land kommen, das zu Österreich in guten Beziehungen stand. Es gab in Europa nicht viele Damen, die diese Bedingungen erfüllten. Unter ihnen jedoch die Tochter des belgischen Königs, Prinzessin Stephanie, ein kaum fünfzehnjähriges Mädchen.

Rudolf wusste genau, dass selbst die höflich vorgebrachten Wünsche seines Vaters für alle Mitglieder des Hauses Habsburg Befehle waren, gegen die jeder Widerspruch zwecklos war. Elisabeth war zwar sehr skeptisch, als sie von diesen Hochzeitsplänen erfuhr: „Wenn das nur gut geht …", sagte sie zu ihrem Mann. Doch sie wagte keinen Widerstand.

Stephanie gelang es nur kurze Zeit, Rudolf die anderen Frauen vergessen zu lassen. Immerhin zeigte sich der Kronprinz in den ersten zwei Jahren seiner Ehe als halbweg erträglicher Gemahl. Sogar ein Kind kam zur Welt, „leider" war es „nur" eine Tochter, die den Namen ihrer Großmutter Elisabeth erhielt und zärtlich „Erzsi" gerufen wurde. Es war das erste und zugleich das letzte Kind aus der Ehe Rudolfs und Stephanies. Die Ärzte erklärten kategorisch, dass die junge Frau keine weiteren Geburten riskieren dürfe.

Dem Kronprinzen erging es wie den meisten Ehemännern und -frauen, die mehr aus Zwang und familiärer Tradition heiraten müssen als aus Liebe: Er langweilte sich. Und er tröstete sich mit guten Freunden, mit denen er zusammensaß, um über Politik zu diskutieren. Und mit anderen Frauen …

„Er ist ein Schwärmer, ein Plauscher", murmelte der Kaiser und warf unwillig eine Denkschrift auf den Tisch, in der Rudolf sehr scharf die Politik der Minister kritisiert hatte. Der Kronprinz konnte das lange Warten darauf, seinen Vater auf dem Thron abzulösen, nicht ertragen. Garnisonsbesuche und Paraden langweilten ihn, und immer, wenn er aus seinen Tagträumen in die graue Wirklichkeit des Hoflebens und des militärischen Alltags zurückkehrte, überfiel ihn eine unüberwindliche Müdigkeit.

Dem Kaiser missfiel der Umgang seines Sohnes, dass er sich zum Beispiel dauernd mit Künstlern und Journalisten traf, die durchaus nicht monarchistisch gesinnt waren.

Noch mehr als der Offiziersdienst langweilte den Kronprinzen seine Ehe. Was wollte diese ihm aufgezwungene, unfruchtbare Frau, die man bei Hof spöttisch die „kühle Blonde" nannte, überhaupt von ihm? Erwartete sie etwa „Liebe"? Von Tag zu Tag zerrte diese Bindung mehr an seinen Nerven. Eifersüchtig warf ihm Stephanie seine „kleinen Erlebnisse" vor. Es gab hässliche Auseinandersetzungen und Streitereien, nach denen Rudolf davonstürzte und dem Kutscher befahl, ihn zu seiner Geliebten zu fahren. Sie hieß Mizzi Kaspar und sie war zärtlich verliebt in ihren Prinzen und so hübsch, dass sie schon manchem Maler Modell gestanden hatte. Sie hätte Rudolf wahrscheinlich auch geliebt, wenn er kein Kronprinz gewesen wäre und ihr nicht immer so großzügige Geschenke gemacht hätte.

Ein anderes Mädchen machte sich ernsthaftere Hoffnungen: die junge Baronesse Mary Vetsera. Mit ihrem auffällig roten, vollen Mund, ihren tiefblauen Augen mit schön geschwungenen Wimpern und dem langen, dunklen Haar beeindruckte die erst siebzehnjährige Baronesse gleich ganze Scharen von Kavalieren.

Diese junge Schönheit schlich sich an mehr als einem Winterabend in die Junggesellenwohnung, die der Kronprinz auch nach seiner Hochzeit in der Hofburg behalten hatte. Sie hätte nicht so diskret zu sein brauchen, denn rund um den Ballhausplatz war es ein offenes Geheimnis, dass Rudolf und Mary ein Verhältnis hatten. Mary war unbändig stolz auf ihren Geliebten und fragte wenig nach dem Geschwätz der Leute. Er liebte sie, oder es schien ihr wenigstens so, und diese Liebe machte sie glücklich. Sie warf sich in das Abenteuer dieser Liebe mit der ganzen Unbedenklichkeit ihrer siebzehn Jahre. Dieser erste große Triumph ihres jungen Lebens schmeichelte ihrer Eitelkeit. Und es erfüllte sie mit tiefer Befriedigung, wenn sie in der Oper bemerkte, dass sie von der Kronprinzessin Stephanie mit dem Fernglas angestarrt wurde. Sie fühlte sich dieser Frau überlegen, die es nicht verstanden hatte, die Liebe ihres Gemahls zu erwecken.

So weit war alles klar. Der Kronprinz und die Baronesse liebten einander. Doch nun beginnt die Kette der Geheimnisse, die aufzulösen bis heute nicht gelungen ist.

Warum suchte Rudolf im Morgengrauen des 28. Januar 1889 den Kaiser auf? Welche folgenschweren Dinge besprachen Vater und Sohn unter vier Augen? Später wurde behauptet, der Kronprinz habe Franz Joseph gebeten, ihm die Auflösung seiner Ehe und die Hochzeit mit Mary Vetsera zu erlauben. Oder hatte der Kaiser Rudolf mit scharfen Worten seine Beziehung zur Baronesse vorgehalten? War in Franz Joseph plötzlich der Familiendiktator erwacht und hatte er seinem Sohn befohlen, dem Gerede über seine Beziehungen zu anderen Frauen endlich ein Ende zu machen? Hatte er Rudolf vielleicht vor die Entscheidung gestellt: Entweder du gibst Mary Vetsera auf oder du kannst nicht mehr österreichischer Kronprinz sein?

Franz Josephs Adjutant berichtete, er habe den Kaiser apathisch, der Ohnmacht nahe in seinem Sessel aufgefunden, nachdem der Kronprinz mit erregtem Gesicht den Raum verlassen hatte.

Ganz gleich, vor welche Entscheidungen der Kaiser seinen

Sohn gestellt haben mag, die weiteren Ereignisse zeigten, wie Rudolf sich entschieden hatte.

Er entschuldigte sich, an einem Diner der Kaiserfamilie nicht teilnehmen zu können, und fuhr nach Mayerling in sein kleines Jagdschlösschen, das in der Nähe von Baden bei Wien lag. Dort fanden ihn sein Kammerdiener Loschek und sein Freund Graf Joseph Hoyos ausgestreckt tot auf dem Bett, neben sich die Leiche Mary Vetseras. Er hatte erst seine Geliebte, dann sich selbst erschossen.

Graf Hoyos warf sich in seinen Wagen und eilte zum Bahnhof in Baden, wo er den Schnellzug nach Wien aufhalten ließ. Telefon gab es ja damals noch nicht. In Wien teilte er die schreckliche Nachricht erst dem Generaladjutanten des Kaisers, Graf Paar, mit. Die Bitte, den Kaiser zu informieren, lehnte Paar entsetzt ab: „Das kann nur die Kaiserin ..."

Elisabeth war wie betäubt, als sie die Nachricht erhielt. Doch sie raffte sich auf, um sie dem Kaiser selbst zu überbringen. Man versuchte die grausige Tat vor der Öffentlichkeit zu vertuschen: „Einem Herzschlag erlegen" war die erste offizielle Mitteilung. Durch Wien aber schwirrten die widersprüchlichsten Gerüchte über die Ursache dieses mysteriösen Todes. Die ganze Stadt schien auf den Beinen, die Leute hasteten durch die Straßen, Gesprächsgruppen bildeten sich, vor der Hofburg versammelten sich einige hundert Menschen und beobachteten neugierig die Eingänge. Was war in Wirklichkeit in Mayerling geschehen? Jeder glaubte etwas anderes. Ein Unfall bei der Jagd? Tod im Duell? Mord aus Eifersucht? Racheakt eines gekränkten Gemahls einer Geliebten des Kronprinzen? Oder gar Selbstmord? Aber weshalb denn? Ein Kronprinz hat doch keinen Grund, sich selbst umzubringen. Trotzdem hielt sich das Gerücht, der Thronfolger habe sein Leben durch Selbstmord beendet. Drei Tage später wurde diese Vermutung durch ein Gutachten einer vom Kaiser eingesetzten Ärztekommission bestätigt: Freitod in einem

Zustand von Geistesverwirrung – das war die erschütternde, aber einleuchtende und klare amtliche Feststellung.

Und Mary Vetsera? Wie hatte der Kronprinz sie nur dazu gebracht, ihm beim Abschied von dieser Welt Gesellschaft zu leisten? Dass die Baronesse den Kronprinzen mit all ihren Sinnen und mit ihrer ganzen Seele geliebt hatte, daran bestand kein Zweifel. Er war ihre erste große Leidenschaft, und sie war bereit, ihrem Geliebten jeden Wunsch zu erfüllen, selbst den, mit ihm zu sterben.

Für Elisabeth, Franz Joseph, für Marie Valerie, ja die ganze kaiserliche Familie brach eine Welt zusammen. Erstaunlich, dass die Kaiserin in jenen Tagen unmittelbar nach der Tragödie einen beherrschteren und gefassteren Eindruck als ihr Gemahl machte. Es war wie so oft in Zeiten der Krise: Die sonst so empfindliche und launische Elisabeth konnte – wenn es darauf ankam – groß und stark sein. Franz Josephs Ansprache an die Mitglieder des österreichischen Reichsrates enthielt keine politischen Höflichkeiten, sondern ein Herzensbekenntnis: „Wie viel ich in diesen schweren Tagen meiner innigst geliebten Frau zu danken habe, welche große Stütze sie mir gewesen, kann ich nicht beschreiben, nicht warm genug aussprechen. Ich kann dem Himmel nicht genug danken, dass er mir eine solche Lebensgefährtin gegeben hat. Sagen Sie das nur weiter; je mehr Sie es verbreiten, umso mehr werde ich Ihnen danken."

Elisabeth versank in ihren trüben Stimmungen. „Ich könnte verrückt werden, wenn ich noch jahrelang das Leben vor mir sehe", gestand sie ihrer Tochter Marie Valerie. In der Öffentlichkeit sah man sie nicht mehr ohne Fächer, mit dem sie ihr Gesicht vor zudringlichen Blicken verbarg.

KAPITEL 18

Die Dame in Schwarz

Zehn Tage nach dem Tod des Kronprinzen verließ zu später Abendstunde eine hoch gewachsene, schwarz gekleidete Dame mit verschleiertem Gesicht eine Seitenpforte der Hofburg. Sie hielt einen Fiaker an, der gerade vorbeikam, und bat, sie zum Kapuzinerkloster am Neuen Markt zu fahren. Der Kutscher schaute die Dame in Schwarz mit neugierigem Blick an. Was wollte sie um diese Uhrzeit in dem Kloster, in dessen Gruft sich die sterblichen Überreste des so tragisch gestorbenen Kronprinzen befanden?

Wenige Augenblicke später stand die Dame in der düsteren, nur von wenigen Fackeln erhellten Gruft, in der über hundertvierzig Mitglieder des Hauses Habsburg zur letzten Ruhe gebettet sind. Hier schliefen in schweren Sarkophagen und ornamentgeschmückten Särgen all die Männer und Frauen, in deren Schicksal sich Ruhm und Tragik so einzigartig verbunden haben: die Kaiserin Maria Theresia, Napoleons Gemahlin Marie Louise, der kaiserliche Abenteurer Maximilian von Mexiko.

Die Dame blieb vor dem Sarg stehen, der als letzter seinen Platz in der langen Reihe gefunden hatte. Lange stand sie schweigend vor dem Sarkophag des Kronprinzen, starrte mit Tränen in den Augen die Kränze an, die den Sarg bedeckten.

Plötzlich rief sie laut: „Rudolf!"

Alles blieb still, nur ein leiser Luftzug knisterte durch die welken Blüten und Blätter der Kränze vor ihren Augen.

Nochmals rief sie: „Rudolf!"

Und wieder kam keine Antwort. Die Frau sank in die Knie und betete.

Kurz darauf geleitete der Pater Guardian des Klosters die Dame in Schwarz mit ehrfürchtigen Verbeugungen zum Tor hinaus.

Die Kaiserin hatte ihrem Sohn ganz allein einen letzten Besuch abgestattet.

Es war in diesem düsteren Jahr, dass Elisabeth sich vor ihre Schränke stellte und alle farbigen Kleidungsstücke aussortierte. Von nun an würde sie nur noch Schwarz tragen. Es stand ihr überaus gut dieses Schwarz, sie wirkte darin besonders schlank und zart.

Und noch ein Abschied stand ihr bevor: Ihre Lieblingstochter Marie Valerie war herangewachsen und hatte sich in den jungen Erzherzog Franz Salvator verliebt. Kein Mensch wusste, was sie an dem etwas farblosen Franz fand. Elisabeth fühlte sich tief getroffen, auf die Heiratspläne ihrer Tochter reagierte sie mit Panikgefühlen. In ihr Tagebuch notierte sie Gedichte, in denen sie sich als trostlos und verlassen preisgab.

Franz Joseph musste seine Sisi nun noch öfter und länger entbehren, als ihm lieb war. Und er schickte seinem „Sturmvogel" die sehnsüchtigsten Briefe nach: „Ich bin wegen deiner Abreise nach dem so fernen Süden und der langen Abwesenheit recht trübe gestimmt, besonders nach unserem letzten, leider so kurzen und etwas gehetzten, aber doch recht gemütlichen und freundlichen Zusammensein. Du warst auch besonders gnädig, charmant und lieb, wofür ich nochmals schönstens danke. Denke manchmal an deinen dich unendlich liebenden, traurigen und einsamen Kleinen."

Mitten im lebenslustigen Wien führte Kaiser Franz Joseph ein Leben, das jedem Bewohner der Donaustadt mehr als „traurig" vorkam. Der Besitzer der prächtigsten Schlösser Österreichs lebte völlig unauffällig und bedürfnislos. Von fünf

Uhr morgens bis acht Uhr abends saß er mit geringen Unterbrechungen am Schreibtisch und „regierte".

Für die Wiener war Franz Joseph der „gute, alte Herr in Schönbrunn". Gegenüber seinen Hofräten, Kanzlisten und Kammerdienern ließ er jedoch jede Leutseligkeit vermissen und blieb immer formell. Baron Margutti, der sechzehn Jahre Flügeladjutant im Dienst des Kaisers war, erzählt, Franz Joseph habe ihm in dieser langen Zeit ein einziges Mal die Hand gereicht, und zwar bei der Beförderung Marguttis zum Generalmajor. Dabei sah der Baron den Kaiser jeden Tag.

In Franz Josephs Brust schlugen wohl wirklich zwei Seelen. Wie ließe es sich sonst erklären, dass dieser pedantischste und trockenste Bürokrat, der jemals auf einem Thron saß, seiner Elisabeth gegenüber der großzügigste und herzlichste Kavalier war? „Der Kaiser leidet am meisten unter dieser Isolierung seiner Gemahlin", schrieb der deutsche Botschafter Prinz Reuß seinem Kaiser in Berlin, „und ihm allein fällt die ganze Last der Repräsentation zu. Der Begriff eines kaiserlichen Hofes verschwindet und die Beziehungen zwischen ihm und der Gesellschaft werden immer lockerer."

Elisabeth war nur noch höchst selten im Wiener Burggarten oder im Park von Schönbrunn zu sehen. Ihre Menschenscheu wurde immer größer. Nicht lange nach dem Tod des Kronprinzen war in den führenden Zeitungen von Berlin und Paris zu lesen, der Geisteszustand der Kaiserin grenze an Wahnsinn. Düster und traurig wie die Farbe ihrer Kleider war sicherlich Elisabeths Stimmung nach Rudolfs Tod. Aber wahnsinnig? Die Kaiserin zuckte zusammen, wenn sie eine der Zeitungen zu Gesicht bekam.

Sie hatte selbst ein wenig Schuld daran, dass die Zeitungen und die Leute so schlecht auf sie zu sprechen waren. Inkognito als „Gräfin von Hohenems", wie einer der mehr als vierzig Titel lautete, die ihr zustanden, reiste sie durch die Lande. Sie war ihrem Volk jetzt noch ferner gerückt. Nur wenige

Hofdamen begleiteten sie – und Franz Josephs diskrete Herren von der Geheimpolizei.

Auf Korfu, der von der strahlenden Sonne des Südens verwöhnten Insel mitten in der blauen Adria, verlebte Elisabeth vielleicht die glücklichsten und ruhigsten Stunden der letzten zehn Jahre ihres Lebens. Hier konnte sie ungestört ihren Gedanken nachhängen. Hier las sie immer wieder die schwermütigen, von bitterer Ironie durchzogenen Gedichte ihres Lieblingsdichters Heinrich Heine. Hier vertiefte sie sich mit dem Feuereifer einer Studentin in die griechische Sprache, die sie über alles liebte. Hier unternahm sie ihre ausgedehnten Spaziergänge durch die idyllischen Haine und Felder der paradiesisch unberührten Insel.

Elisabeth lebte auf Korfu wie in einem Traum. Und der Palast am Meer, den sie sich bauen ließ, glich einem Märchenschloss. Von Ölbäumen, Lorbeer- und Zitronensträuchern umrahmt, ragte das weiße Palais am Ufer des immerblauen Meeres auf. Die schönsten Statuen Griechenlands und Pompejis schmückten die Räume und die herrliche, vom Seewind bestrichene Terrasse.

Hier träumte Elisabeth, schrieb lange Briefe und notierte ihre Gedanken: „So schön war alles, dass es schon unnatürlich war. Abends dufteten die Ölbäume so stark und die untergehende Sonne verlieh ihnen einen Heiligenschein wie goldenen Rosen. Das Meer glich einem Stück lichtblauen Glases und darauf ruhten wie unbeweglich die kleinen Schiffchen mit den weißen und roten Segeln. Die Hänge sind mit goldenen Blumen überzogen und gegenüber die noch mit Schnee bedeckten albanischen Berge, die, zuerst rosafarben, langsam in Rubinfeuer aufflammen, über alledem ein betäubender Duft. Unzählige Schwalben schwirren wie trunken hin und wider und über all der Pracht schwimmt am dunkelblauen Himmel der silberne, fast volle Mond. Es war zu schön, sodass ich ganz nervös war und danach nicht schlafen konnte;

fortwährend sah ich vom Bett aus in das mondbeleuchtete Zimmer und hörte auf die klagende Stimme der Eulen."

Am Tag wanderte sie allein oder in Begleitung ihres griechischen Sprachlehrers Konstantin Christomanos. Fasziniert von ihrer Schönheit betete er Elisabeth wie eine Göttin an, schrieb in sein Tagebuch die begeistertste romantische Huldigung, die diese Frau von fünfzig Jahren empfing: „Ihr Haupt erhebt sich auf ihren Schultern mit jener Grazie, die den Blüten auf langen Stängeln eigen ist. In ihr Haar hat sich die Nacht versenkt. Ihr Antlitz ist von schimmernder Blässe, der alle Strahlen der südlichen Sonne nichts anhaben konnten. Ihre Lippen, fein gezeichnet und unwahrscheinlich purpurn, biegen sich zu einer Kurve unsagbarer Wehmut, die von aller Trauer weiß. Niemals gab es noch solche Augen, die das traurige Wesen aller Dinge herauszusehen vermochten. Sie geht weniger, sie gleitet, den Oberkörper leicht nach rückwärts und in die schlanken Hüften gewiegt."

Lächelnd ließ Elisabeth sich die Anbetung des jungen Griechen gefallen. Sie wanderten gemeinsam durch die Wälder Korfus mit ihren düsteren Zypressen und Pinien.

Um jedes Detail des Baues und der Inneneinrichtung ihres Schlosses hatte sich Elisabeth selbst gekümmert. Jedes Stück, Tisch und Bettwäsche, Porzellan, Möbel waren mit dem Zeichen des Delfins geschmückt. Das Achilleion war ein Palast wie aus einem Traum, doch trotz aller Schönheit hielt es die Kaiserin, als er endlich fertig gestellt war, nie lange: „Und wenn du je dein Glück erreichst, so hört es auf, dein Glück zu sein."

KAPITEL 19

Die letzten Jahre

In den letzten zehn Jahren ihres Lebens wurde Elisabeth noch rast- und ruheloser. Sie war fast ständig unterwegs, nur ab und zu kurz in Schönbrunn, in Ischl oder einem Badeort, dann wieder auf zielloser Kreuz- und Quer-Fahrt im Mittelmeer. Einmal verbrachte sie auf ihrer Yacht „Miramar" mit ihrer unglücklichen Begleitung sogar drei Monate. Franz Joseph wusste oft nicht, wohin er seine Briefe schicken sollte; manchmal hörte er erst, nachdem sie wieder abgereist war, wo sie sich aufgehalten hatte, oder las es in der Zeitung. Nach Cap Martin, Biarritz, Korsika, Neapel, ja bis nach Nordafrika, nach Tanger, Oran und Algier reiste die Kaiserin.

Während Franz Joseph als Großvater das Zusammensein mit den Kindern Gisela und Marie Valerie und seiner stetig wachsenden Enkelschar genoss, blieb Elisabeth nie lange bei Besuchen in Wallsee oder Ischl, weil sie die Gefahr vermeiden wollte, sich als Schwieger- und Großmutter aufzudrängen. Sie fühlte sich oft krank, Neuralgien, Ischias und Anämie machten ihr zu schaffen. Sie hatte sich ihr Leiden durch ihre unvernünftige Lebensweise weitgehend selbst zuzuschreiben. Dann machte sie sich zu einer Tour durch die Badeorte Mitteleuropas auf.

Die Zeit, in der Öffentlichkeit zu repräsentieren, war längst vorbei. Hinter Schirm und Fächer suchte sie Schutz vor der Zudringlichkeit der Neugierigen. Nur bei der Tausendjahrfeier in Ungarn 1896 ließ sie sich noch einmal sehen.

Bei einem großen Abendempfang in der Ofener Burg war sie die Attraktion: die hohe, schwarz gekleidete Königin, die herrlichen Haare zu einer Krone geflochten – ein Bild, das zu einer Ikone für die Völker der Monarchie wurde. In Budapest sah sie auch einige der Männer wieder, die ihr einst etwas bedeutet hatten, Nikolaus Esterházy, Elemér Batthyány – Andrássy war schon tot. Doch wie lange war das her! Keine Bewegung war ihrem Gesicht anzumerken, gedankenverloren blickte sie in die Ferne. Doch als das „Eljen Erzsébet" zu einem rauschenden Orkan anschwoll, glitzerten verräterische Tränen in ihren Augen.

Auch als das russische Zarenpaar 1896 zu einem Staatsbesuch nach Wien kam, präsidierte Elisabeth noch einmal bei einem festlichen Staatsbankett, in duftiges Schwarz gehüllt und als einziger Schmuck schwarze Perlen. Und noch immer schwärmten die Zeitgenossen von ihr.

Die Stunden in der Natur, auf Korfu und am Mittelmeer, in den Bergen und Wäldern ihrer bayerischen Heimat, gaben Elisabeth ein wenig Glück und Ruhe. Es kam nun öfter vor, dass Franz Joseph einige Ferientage mit ihr verbrachte, in Madonna di Campiglio und in Schloss Miramar bei Triest, auch im nahen Ausland, an der Riviera und in der Schweiz. Dreimal im südlichen Vorfrühling besuchte er sie in Cap Martin und San Remo, und zum ersten Mal war es für ihn ein richtiges Ausspannen. Sie machten Ausflüge und Besuche, verspielten sogar etwas Geld im Kasino in Monte Carlo.

„Uns geht es gut", schrieb der Kaiser seiner Freundin Katharina Schratt, „trotzdem wir alle möglichen Restaurants durchkosten und viel zu viel und zu Verschiedenes essen, wobei auch die Kaiserin einen ausgezeichneten Appetit entwickelt."

Doch kaum hatte sich Elisabeth ein wenig erholt, so trafen sie neue Schicksalsschläge.

Eine der letzten, bereits retuschierten Fotografien Elisabeths

In den ersten Maitagen des Jahres 1897 veranstalteten die Damen der Pariser Gesellschaft ein Wohltätigkeitsfest. Unter den etwa eintausendfünfhundert Anwesenden befand sich auch Elisabeths jüngere Schwester Sophie; sie hatte sich über die durch König Ludwig auf so peinliche Art aufgelöste Verlobung schnell getröstet. Kurze Zeit nach dem Brautabenteuer mit dem Bayernkönig hatte sie ein Mitglied der früheren französischen Königsfamilie, den Herzog von Alençon, geheiratet. Sie war mit ihm nach Paris gezogen und lebte in einer sehr glücklichen Ehe.

Auf dem Wohltätigkeitsfest an den Champs Elysées veranstaltete Sophie in einem riesigen Zelt einen Basar. Fast noch mehr Beachtung als die Verkaufsstände, an denen die reizendsten Damen des Faubourg St-Germain dem Publikum zulächelten, fand ein großer Kinematograf, die neueste Erfindung der Technik. Eine Reklame vor dem Zelt lockte die Besucher an: „Die wunderbarste Erfindung des Jahrhunderts! Bewegliche Fotografien, welche die Illusion wirklichen Lebens hervorrufen!"

Plötzlich schlug aus dem Kinematografen eine riesige Stichflamme hoch. Sofort fingen die Kinoleinwand und der von der Sonne ausgetrocknete Stoff des Basarzeltes Feuer. Panik brach aus. Eine fürchterliche Hitzewelle erfüllte innerhalb weniger Augenblicke den prall mit Menschen gefüllten Raum. Alles schob sich den wenigen Ausgängen zu. Doch die nur nach innen zu öffnenden Türen wurden von den Verzweifelten zugepresst, statt sie hinauszulassen. Wie verbranntes Papier fielen die Kleider von den Körpern der Unglücklichen.

Der Herzog von Alençon suchte sich zu dem Basar seiner Frau durchzudrängen, um sie zu retten. Immer wieder rief er laut ihren Namen. Ein Bekannter antwortete ihm: „Die Herzogin ist bereits draußen! Rettet Euch selbst!" Dem Herzog gelang es im letzten Augenblick, den Flammen zu entrinnen.

Vergeblich suchte er nach seiner Frau. Stundenlang hastete er durch Paris, in seine Wohnung, zu den Freunden, in die Spitäler, welche die Verletzten der Katastrophe aufgenommen hatten. Sophie fand er nirgends. Die ganze Nacht über wurden die Opfer aus den Trümmern des Basars geborgen. Wie sollte er unter den Dutzenden von Leichen, welche die Träger bei unheimlichem Fackelschein herumschleppten, seine geliebte Sophie herausfinden? Erst mit Hilfe ihres Zahnarztes, der eine Behandlungskarte angelegt hatte, gelang es ihm, seine Frau zu identifizieren.

Elisabeth schrie auf, als man ihr die schreckliche Nachricht überbrachte. Nach dem Tod ihrer Schwester sonderte sie sich noch mehr von allen Menschen ab als bisher. Tagelang weinte und betete sie in ihrem Zimmer und war von niemandem zu trösten. Jetzt fühlte sie sich vollends als von einem unheimlichen, bösen Schicksal Verfolgte. Hatte sie nicht außer Sophie und ihrem Sohn in den letzten Jahren auch ihre Eltern und ihre älteste Schwester verloren? Helene war nach schwerem, tagelangem Todeskampf in ihren Armen gestorben.

Eine seltsame Botschaft erhielten in diesen Jahren die Gesandten Österreich-Ungarns von ihrem Vorgesetzten, dem Außenminister. Er wies die Diplomaten an, in taktvoller Form darauf hinzuwirken, dass die Kaiserin in nächster Zukunft keine Glückwünsche der ausländischen Höfe mehr erhalte. Ihre Majestät wünsche dies nicht, da das Wort „Glück" für sie sinnlos geworden sei. Zu ihrer vertrauten Hofdame, der Gräfin Irma Sztáray, erklärte Elisabeth, als man ihr zum Geburtstag gratulieren wollte: „Ich liebe die Glückwünsche nicht, weil mir nach so vielem Unglück, das mich getroffen hat, jeder Glückwunsch als ein Hohn erscheint." Und noch bitterer sagte die Kaiserin zu ihrer Tochter Marie Valerie: „Weißt du, die beiden Worte ‚hoffen' und ‚freuen' habe ich für immer aus dem Leben gestrichen."

145

Wie hatte Elisabeth sich in den wenigen Jahren seit dem Tod des Kronprinzen verändert! Zwar bewunderte man bei Hof noch immer ihre Schönheit; ihr feines Gesicht und ihre tiefdunklen Augen bezauberten jeden, der mit ihr sprach. Aber blass und mager wie eine Schwindsüchtige war sie geworden.

Eines Tages wog die überdurchschnittlich große Frau nur noch sechsundvierzig Kilogramm. Und ihr Arzt stellte entsetzt Schwellungen unter ihrer Haut fest, typische Hungerödeme. Ein allergisches Ekzem plagte sie, Fußschmerzen raubten ihr den Schlaf.

„Wenn Sie über das leider sehr schlechte Aussehen der Kaiserin erschrecken, so bitte ich Sie, es nicht zu zeigen, auch mit der Kaiserin nicht zu viel von Gesundheit zu sprechen, sollte das aber nicht zu vermeiden sein, ihr Mut zu machen, vor allem aber ihr keine neue Kur und kein neues Mittel anzuraten. Sie werden die Kaiserin sehr matt, sehr leidend und besonders in unglaublich deprimierter Stimmung finden. Wie bekümmert ich bin, können Sie sich denken", schrieb Franz Joseph an Katharina Schratt.

Der Kaiser machte sich große Sorgen um Elisabeth. Ihre Lebensweise hatte ihn schon immer aufgeregt. Diese schon krankhafte Schlankheitsmanie! Immer dieses Turnen, immer diese abwechselnd heißen und kalten Bäder! Tagelang ernährte sie sich nur von Orangen und Weintrauben. Ein Herzleiden, Nervenentzündungen und Ischias, welche die Kaiserin in ihrer so geliebten Bewegungsfreiheit stark einschränkten, die Beschwerden der Wechseljahre, seelisch gedrückte Stimmungen machten Elisabeth schwer zu schaffen. Immer wieder beschwor der Kaiser sie, gesünder zu leben und sich zu erholen.

Die Sehnsucht nach dem großen Ozean hatte sie nicht verlassen. Noch einmal sah sie das geliebte Meer, wäre auf einem Strandspaziergang beinahe von einer großen Woge hinausgespült worden. Bis auf die Haut durchnässt kam sie nach Hause.

Sisi! Die geliebte Engels-Sisi! Fünfundvierzig Jahre waren Franz Joseph und Elisabeth schon verheiratet. Trotz aller Gegensätze der Charaktere und Neigungen, trotz aller Konflikte, trotz der vielen Jahre, die sie getrennt voneinander verbracht hatten, empfanden sie immer noch Sympathie füreinander. Elisabeth in ihrer trotzigen, melancholischen Art, der Kaiser mit unverbrüchlicher Zärtlichkeit.

Vielleicht hat Franz Joseph daran gedacht, als sich in den heißen Julitagen des Jahres 1898 die Berge von Ischl vor seinen Blicken ausbreiteten. Mit viel Mühe hatte er sich von seinen Regierungsgeschäften in Wien losgerissen, um rasch noch Elisabeth Adieu zu sagen. Denn anschließend wollte die Kaiserin eine Erholungsreise nach Bad Nauheim und an den Genfer See machen.

Elisabeths Begleiterin in jenen Jahren, Irma Sztáray, berichtete über diesen Tag, der ihr unvergesslich blieb: „Am 15. Juli bot der Ischler Bahnhof ein glänzendes und ungewohnt belebtes Bild. Für diesen Vormittag war die Abreise der Kaiserin bestimmt, und die Ischler Bevölkerung, ob arm ob reich, strömte schon seit den frühen Morgenstunden hinaus, um Abschied zu nehmen von der scheidenden Kaiserin. Auch viele Badegäste waren erschienen, um sie zu sehen. Elisabeth verabschiedete sich vom Kaiser, und ich sah, wie ihre Augen sich mit Tränen füllten. Von den Bergen wehte ein frischer Wind herab und erquickte die schwüle Julihitze. Die vom blauen Himmel heruntersengenden Sonnenstrahlen spielten auf dem bewegten, bunten Bild, das sich unserem Blick darbot."

Auch Franz Joseph war diesmal der Abschied besonders schwer gefallen und er hatte Mühe gehabt, die Tränen zurückzuhalten. Kaum war er in Wien angekommen, galt sein erster Gedanke Elisabeth. Voller Sehnsucht schrieb er ihr:

„Du gehst mir hier unendlich ab, meine Gedanken sind bei dir und mit Schmerz denke ich an die so unendlich lange Zeit der Trennung ..." Die „unendlich lange Zeit der Trennung" – der Kaiser muss eine seltsame Ahnung gehabt haben.

KAPITEL 20

Durch eine winzige
Öffnung des Herzens

Elisabeth gab sich die größte Mühe, Franz Josephs Bitte zu erfüllen, sie möge so schnell wie möglich wieder gesund werden. Sie machte eine Kur und ihr Zustand besserte sich. Durch eine Notiz der Gesandtschaft in Bern erfuhr der Kaiser, dass Elisabeth nach Caux, oberhalb von Montreux am Genfer See, abgereist sei.

Sie atmete auf, unternahm wieder längere Spaziergänge. Selten fühlte sie sich körperlich und seelisch so wohl wie in den Septembertagen des Jahres 1898. Ein frischer Wind wehte über das sonnenbeglänzte Wasser und stimmte die Kaiserin zuversichtlich. Am 9. September unternahm sie mit dem Schiff einen Ausflug nach Genf zur Baronin Rothschild, die in einer Luxusvilla in Pregny am anderen Ufer des Sees wohnte. Warnungen vor Attentaten – in Genf wimmelte es von Anarchisten – schlug sie in den Wind: „Wer sollte mir etwas antun?" Wie immer reiste sie inkognito als Gräfin Hohenems. Doch in Genf sprach sich schnell herum, dass die Kaiserin von Österreich erwartet wurde; für sie und ihre Begleitung waren im Hotel „Beau Rivage" Appartements reserviert worden.

Blaugolden wölbte sich der Himmel über dem See, ein überwältigender Panoramablick mit dem schneeschimmernden Montblanc. In heiterster Laune bewunderte Elisabeth in

Genf-Pregny die berühmten Schönheiten der Rothschild-Villa, die Glashäuser und Orchideengärten. Sie hatte sogar wieder Appetit, das Essen gefiel ihr so gut, dass sie ihre Hofdame Irma Sztáray beauftragte, die Menükarte dem Kaiser zu schicken und drei Gänge mit komplizierten französischen Namen anzustreichen, die ihr „besonders geschmeckt" hatten. Ein wunderbarer Tag, so schön, als wolle sie das Leben noch einmal verführen. Elisabeth wusste nicht, dass dies ihr vorletzter Tag war. Im Gespräch mit der Baronin aber fiel ein ahnungsvoller Satz: „Ich wünschte, meine Seele erhöbe sich zum Himmel durch eine winzige Öffnung meines Herzens."

Dieser Ausflug hatte der Kaiserin so ausnehmend gut getan, dass sie mit ihrer Hofdame am späten Nachmittag übermütig noch einen Einkaufsbummel in Genf machte und dann lange auf der Terrasse einer Konditorei saß. Erst als es dunkel geworden war, brachen die beiden Damen auf. Prompt verirrten sie sich in dem engen Gewirr der Altstadtgassen. Während Irma voller Angst zitterte, fand Elisabeth mit schlafwandlerischer Sicherheit den Weg zurück zum Hotel. Am frühen Nachmittag des nächsten Tages sollte das Schiff sie zurückbringen.

Seltsam war die Nacht, die Elisabeth und ihre Begleiterin im Genfer Hotel „Beau Rivage" erlebten. „Ich hatte eine unruhige Nacht und verbrachte sie mehr wachend als schlafend", berichtete Gräfin Sztáray später über jene Stunden, die sich ihr ebenso fest ins Gedächtnis prägten wie der Abschied Elisabeths vom Kaiser in Ischl. „Endlich schreckte ich aus meinem späten Schlummer auf, wie von jemandem mit gellender Stimme angerufen; mein erster Blick fiel auf den Montblanc, dessen schneebedecktes Haupt grell im Morgenrot glühte. ... Mit dem Schlage neun Uhr meldete ich mich bei der Kaiserin. Sie ließ sich eben frisieren. Aus ihrer guten Laune und dem frischen Aussehen schloss ich, dass sie eine bessere Nacht gehabt hatte als ich, doch bald begann sie zu klagen: ‚Müde bin ich nicht, doch habe ich kaum geschlafen. Eine Weile hörte ich den italienischen Sängern zu, die in der Ferne musizierten, später störte mich der Leuchtturm mit seinen beständig wechselnden Farben, und ich konnte mich nicht entschließen, aufzustehen und die Fenster zu schließen. Es mochte gegen zwei Uhr gewesen sein, als ich einschlief, da aber, was mir noch niemals geschah, schrak ich entsetzt auf, weil der hoch stehende Mond mit seinem grellen Schein in mein Gesicht leuchtete, während mein Bett und das ganze Zimmer in einer mystischen Beleuchtung schwammen. Weiter vermochte ich auch nicht mehr einzuschlafen.‘ Nachdem sie mir noch Aufträge für die Stadt gegeben hatte, fragte ich Ihre Majestät, ob es dabei bliebe, dass sie mit dem Schiff nach Caux zurückkehren würde? – ‚Jawohl, um ein Uhr vierzig Minuten fahren wir. Das Personal kann mit dem Zwölfuhrzug reisen, denn ich liebe die großen Aufzüge nicht. Mit einem Wort: Es bleibt alles, wie es bestimmt war.‘“

Eine nervöse Unruhe erfasste die Gräfin, als die Zeit der Abfahrt des Dampfers nahte. Elisabeth trank in aller Ruhe ein Glas Milch. „Majestät“, drängte die Hofdame, „es ist ein Uhr dreißig Minuten. Gehen wir zum Schiff, wir verspäten uns!“

Die Kaiserin reichte ihrer ungeduldigen Begleiterin lächelnd ein Glas und sagte: „Nicht so eilig, Irma, erst kosten Sie diese herrliche Milch.“

Hastig, mit leicht zitternder Hand, trank die Gräfin einige Schlucke.

Genau um ein Uhr fünfunddreißig, fünf Minuten vor Abfahrt des Dampfers, verließen die beiden Damen das Hotel. Elisabeth befand sich in heiterer Stimmung, alles machte ihr Freude. „Sehen Sie, Irma, wie die Kastanien blühen“, sagte sie, während sie die Uferpromenade entlangschritten. „Auch in Schönbrunn sind solche Bäume, und der Kaiser schreibt mir, dass auch sie in voller Blüte stehen.“

„Majestät, das Schiffssignal!", unterbrach die Gräfin.

In dem Moment fiel ihr ein Mann auf, der hinter einem Baum am Straßenrand hervorsprang. Er schlug einen Bogen über das Geländer am Ufer und eilte auf die Damen zu.

Was wollte der Mann? War er betrunken? Seltsam, wie er kreuz und quer über den Gehsteig lief, beinahe taumelte. Plötzlich stürzte er auf die Kaiserin zu. Im letzten Augenblick stolperte er. Unwillkürlich tat die Gräfin einen Schritt vorwärts, um Elisabeth vor dem fallenden Mann zu schützen. Doch da schnellte seine Faust vor, und er schlug die Kaiserin auf die Brust.

Als habe sie der Blitz getroffen, sank Elisabeth zu Boden, ohne einen Laut von sich zu geben. Mit einem Schreckensschrei beugte sich die Gräfin über sie. Nach einer kurzen Weile schlug die Kaiserin, die wie ohnmächtig dalag, die Augen auf. Ihre Blicke verrieten, dass sie bei vollem Bewusstsein war. Langsam erhob sie sich, von ihrer Hofdame gestützt, vom Boden. Sie schien gar nicht besonders erschrocken zu sein, nur ihr Gesicht war etwas gerötet.

„Majestät? Ist Ihnen nichts geschehen?", fragte die Gräfin.

„Nein", antwortete Elisabeth ruhig lächelnd. „Es ist mir nicht geschehen."

Inzwischen waren von allen Seiten Leute herbeigeströmt, die sich über den brutalen Überfall entsetzten und die Kaiserin fragten, ob sie keinen Schaden genommen habe.

Freundlich, ja herzlich dankte sie jedem in seiner eigenen Sprache – Deutsch, Französisch, Englisch – für die Sorge, bestätigte, dass ihr nichts fehle, und gestattete, dass ein Kutscher ihr Seidenkleid abbürstete. Auch der Portier des Hotels „Beau Rivage" war herbeigeeilt; er hatte vom Tor aus die Szene mit angesehen und bat, ins Hotel zurückzukehren.

„Warum?", fragte die Kaiserin, während sie ihr Haar in Ordnung zu bringen versuchte. „Es ist ja nichts passiert, eilen wir lieber aufs Schiff!"

Sie setzte den Hut auf, nahm Fächer und Schirm, grüßte freundlich das Publikum und forderte die Gräfin auf, ihr zu folgen.

„Sagen Sie, was wollte denn eigentlich dieser Mensch?", fragte sie im Gehen.

„Welcher Mensch, Majestät, der Portier des Hotels?"

„Nein, jener andere, jener furchtbare Mensch."

„Ich weiß es nicht, Majestät, aber es ist gewiss ein Vagabund."

„Vielleicht wollte er mir die Uhr wegnehmen", sagte sie nach einer Weile.

Plötzlich wandte sich Elisabeth an ihre Hofdame mit der Frage: „Nicht wahr, jetzt bin ich blass?"

„Ein wenig", antwortete Irma Sztáray, „vielleicht vor Schreck."

Im Gesicht der Kaiserin zuckte es, aber sie beherrschte sich anscheinend und ging langsam weiter.

„Ich glaube, die Brust schmerzt mich ein wenig", sagte sie.

Endlich langten die beiden auf der Schiffsbrücke an. In diesem Augenblick taumelte die Kaiserin. „Jetzt ... bitte, Irma ... Ihren Arm." Sie sank bewusstlos in die Arme ihrer Begleiterin. Die Gräfin glaubte, dass Elisabeth vor Schreck einen Herzschlag erlitten habe, und rief laut nach einem Arzt. Mit Hilfe von zwei Herren trug sie die Kaiserin auf das Deck des Schiffes, das gleich darauf abfuhr.

Sofort bemühten sich mehrere der umstehenden Frauen um die Kaiserin, schnitten ihr die Schnüre des Mieders auf und rieben die Stirn mit Kölnischwasser ein. Nach einer Weile öffnete Elisabeth langsam die Augen und lag einige Minuten ruhig da. Dann setzte sie sich mühsam auf. „Merci, danke!", flüsterte sie. Ihre verschleierten Blicke irrten am Himmel und am Ufer entlang. „Was ist denn mit mir geschehen?", fragte sie leise. Dann sank sie bewusstlos zurück. Es waren ihre letzten Worte gewesen.

Beim Öffnen des Mieders entdeckte die Gräfin auf dem Hemd der Kaiserin in der Herzgegend einen kleinen dunklen Fleck. Erschrocken schob sie das Hemd zur Seite – es war eine kleine, dreieckige Wunde, aus der etwas Blut gequollen war.

Elisabeth bewegte sich nicht mehr. Irma Sztáray ließ den Kapitän kommen und erklärte ihm: „Monsieur, auf Ihrem Schiff liegt tödlich verwundet die Kaiserin Elisabeth von Österreich. Man darf sie nicht ohne ärztlichen und kirchlichen Beistand sterben lassen. Bitte kehren Sie sofort um!"

Auf einer improvisierten Tragbahre wurde die Kaiserin ins „Beau Rivage" zurückgetragen, in dasselbe Appartement, das sie vor kaum einer halben Stunde verlassen hatte. Ein schnell herbeigerufener Arzt konnte nur noch den Tod der Kaiserin feststellen, ein Priester erteilte die Absolution.

Es war aus, vorbei. Irma erinnerte sich, dass ihre Herrin ihr einmal gesagt hatte: „Ich werde auf dem Wasser sterben." Nun hatte das Schicksal ihre Wünsche erfüllt. Elisabeth, die in ihrem Leben so viel Schmerz und Trauer empfunden hatte, starb an einem milden, sonnenklaren Herbsttag einen schmerzlosen, ja leichten Tod. Ohne Bewusstsein und ohne eine Ahnung von ihrem Zustand glitt sie sanft hinüber in die andere Welt.

Die ärztliche Untersuchung ergab, dass das Herz Elisabeths bei dem Stoß mit einem spitzen dünnen Metallgegenstand, wahrscheinlich mit einer dreikantigen Feile, durchbohrt worden war. Da die Blutung nach innen erfolgte, hatte die Kaiserin so gut wie keine Schmerzen.

Und der Attentäter? Sofort nach der Tat wurde er nicht weit vom Abfahrtsplatz des Schiffes von Gendarmen und Augenzeugen des Überfalls verhaftet. Der Mörder der Kaiserin setzte seiner Verhaftung keinen Widerstand entgegen und erklärte den Männern, die ihn festhielten, ruhig: „Ich gehe ja so zur Polizei."

Die sofort angestellten Ermittlungen ergaben, dass es sich bei dem Attentäter um einen sechsundzwanzig Jahre alten Italiener mit Namen Luigi Lucheni handelte. Er führte ein durchschnittliches Leben, und eigentlich hob diesen kleinen italienischen Gelegenheitsarbeiter nur eines aus der großen anonymen Masse heraus: seine politische Überzeugung. Luigi Lucheni war Anarchist, den sein Schicksal und die Erfahrungen seines an Freuden ärmlichen, kärglichen Lebens unzufrieden und rachsüchtig gemacht hatten. Er hasste alle, die seiner Ansicht nach an der Armut, dem seelischen und wirtschaftlichen Druck schuld waren, dem er ausgeliefert war. Er war ein Feind der Fürsten und Reichen, all derer, die eine Krone trugen und nicht zu hungern und zu frieren brauchten wie er selbst.

Und außerdem war Luigi Lucheni von einem unbändigen Ehrgeiz besessen. Er wollte irgendwie heraus aus der großen Masse der Namenlosen, sich durch irgendeine Tat auszeichnen, die seinen Namen in die Geschichte eingehen ließ. Ehrgeiz und anarchistische Überzeugung waren die Triebfedern seiner Tat. Lucheni hatte aus der Zeitung erfahren, dass die Kaiserin von Österreich sich am Genfer See aufhielt. Er jubelte innerlich auf: endlich eine Gelegenheit, berühmt zu werden und gleichzeitig denen zu schaden, die er hasste, seitdem er politisch zu denken begonnen hatte: die Reichen, die Fürsten und Mächtigen dieser Welt. Und mit einer billigen Eisenfeile, die er auf einem Markt kaufte, vollzog Lucheni seine Rache, befriedigte er seinen Ehrgeiz.

Mit triumphierendem Lächeln ließ er sich abführen. Auch bei der Vernehmung platzte er beinahe vor Stolz auf seine Tat.

„Warum haben Sie die Kaiserin getötet, die Ihnen nie etwas getan hat?"

„Im Kampf gegen die Großen und Reichen", antwortete der Anarchist selbstbewusst. „Ein Lucheni tötet eine Kaiserin, aber niemals eine Wäscherin."

Noch bei der Verhandlung im überfüllten Gerichtssaal, in dem sich Besucher und Journalisten aus aller Welt drängten, verriet jede Äußerung Luchenis Stolz und Befriedigung über das gelungene Attentat auf die Kaiserin von Österreich.
„Fühlen Sie denn gar keine Reue?", fragte ihn der Richter.
„Im Gegenteil!", erwiderte Lucheni laut.
„Wenn die Tat ungeschehen wäre, würden Sie sie wieder tun?"
„Sicherlich!"
Da es in Genf die Todesstrafe für schwere Verbrechen nicht gibt, wurde Lucheni zu lebenslänglichem Kerker verurteilt. Bei der Verkündigung des Urteils rief er voll Pathos aus: „Es lebe die Anarchie! Tod der Aristokratie!"
Zwölf Jahre verbrachte Lucheni im Kerker. Die lange Haft zermürbte ihn seelisch, und an einem Oktobertag des Jahres 1910 machte er seinem Leben ein Ende, indem er sich in seiner Zelle mit einem Gürtel erhängte.

In Schönbrunn hatte Franz Joseph gerade einen Brief an Elisabeth geschrieben. Es war alles für die Abreise des Kaisers zu Manövern in Ungarn vorbereitet, als sein Generaladjutant Graf Eduard Paar das Kabinett betrat und leichenblass stammelte: „Majestät werden heute nicht reisen können ... ein Telegramm aus Genf ... Ihre Majestät ist gefährlich verletzt ..." Gleich darauf traf ein zweites Telegramm ein: „Ihre Majestät die Kaiserin ist soeben verschieden."
„Mir bleibt doch gar nichts erspart auf dieser Welt!", rief Franz Joseph. Und zu Graf Paar sagte er: „Sie wissen nicht, wie ich diese Frau geliebt habe!"
Dann sank er auf dem Sessel seines Schreibtisches in sich zusammen und weinte, den Kopf auf die Arme gestützt.

Obwohl die Kaiserin schon seit Jahren nicht mehr in der Öffentlichkeit aufgetreten war, erfasste eine ungeheure Welle der Trauer die Haupt- und Residenzstadt und das ganze Reich. Durch Wien ging ein gewaltiger Schock der Empörung. Hunderte von Kirchenglocken läuteten, die Extrablätter wurden den Zeitungsjungen aus der Hand gerissen.

Im schwarzen Trauerwaggon eines Extrazuges kehrte Elisabeth in einer düsteren, feierlichen Überführung nach Wien zurück – diesmal für immer. Zehntausende säumten am späten Abend die durch Fackeln erleuchteten Straßen, als der Kondukt langsam vom Westbahnhof in die Innere Stadt fuhr.

In der Kapelle der Wiener Hofburg wurde die Leiche der Kaiserin aufgebahrt. Vier Kronen lagen auf ihrem Sarg: die Kaiserkrone, die Krone der Königin von Ungarn, die Kronen der Erzherzogin von Österreich und der Prinzessin in Bayern.

Und seltsam, auf einem kleinen Polster neben dem Sarg lag ein Gegenstand, der ein Sinnbild für Elisabeths Leben und Wesen war: ihr Fächer.

Bildnachweis

S. 9   Lithografien: links von Ernst Kaiser (1838), rechts nach Leo
       Schöninger (um 1859), beide: Münchner Stadtmuseum.

S. 16 Lithografie von Eduard Kaiser (1853): Privatarchiv des
       Autors

S. 33 Galvanografie von Leo Schöninger (1854): Historisches
       Museum der Stadt Wien

S. 43 Bildarchiv der Österreichischen Nationalbibliothek, Wien

S. 51 Lithografie von Eduard Kaiser (1855): Privatarchiv des
       Autors

S. 65 Gemälde von Franz Xaver Winterhalter (um 1860): Kunst-
       historisches Museum, Wien

S. 72 Fotografie: Bildarchiv der Österreichischen Nationalbiblio-
       thek, Wien

S. 79, 86, 97, 117 Privatarchiv des Autors

S. 104 Stahlstich von T. L. Alkinson nach einem unbekannten
       Gemälde (um 1880)

S. 129 Zeichnung von Wilhelm Gause: Bildarchiv der Österreichi-
       schen Nationalbibliothek, Wien

S. 143 Fotografie: Bildarchiv der Österreichischen Nationalbiblio-
       thek, Wien

BRIGITTE HAMANN

Ein Herz und viele Kronen

Das Leben der Kaiserin Maria Theresia

Als Prinzessin Therese geboren wurde, war jeder enttäuscht. Ein Mädchen kann doch nicht regieren, sagte man. Schon gar nicht so viele Länder auf einmal. Prinzessin Therese war anderer Ansicht. Sie nahm die Zügel der Staatsgeschäfte fest in die Hand. Sie führte Kriege, setzte Reformen durch und fand auch noch Zeit, die Erziehung ihrer sechzehn Kinder zu überwachen und die Haushaltsrechnungen von Schönbrunn zu prüfen.
Wie aus dem kleinen Reserl die große Kaiserin Maria Theresia wurde, das beschreibt die bekannte Historikerin Brigitte Hamann in ihrem Kinderbuch. Die schönen und anschaulichen Illustrationen von Monika Laimgruber begleiten und ergänzen den Text.

96 Seiten

UEBERREUTER